Gabriel Tarde

L'opinion
et la foule

essai

ISBN : 978-1522915751

10 9 8 7 6 5 4 3 2 1

Gabriel Tarde

L'opinion et la foule

essai

Table de Matières

Avant-propos   6

Chapitre I : Le public et la foule   7

Chapitre II : L'opinion et la conversation   47

Chapitre III : Les foules et les sectes criminelles   111

Avant-propos

L'expression psychologie collective ou psychologie sociale est souvent comprise en un sens chimérique qu'il importe avant tout d'écarter. Il consiste à concevoir un esprit collectif, une conscience sociale, un nous, qui existerait en dehors ou au-dessus des esprits individuels. Nous n'avons nul besoin, à notre point de vue, de cette conception mystérieuse pour tracer entre la psychologie ordinaire et la psychologie sociale - que nous appellerions plus volontiers inter-spirituelle - une distinction très nette. Pendant que la première, en effet, s'attache aux rapports de l'esprit avec l'universalité des autres êtres extérieurs, la seconde étudie, ou doit étudier, les rapports mutuels des esprits, leurs influences unilatérales et réciproques - unilatérales d'abord, réciproques après. Il y a donc entre les deux la différence du genre à l'espèce; mais l'espèce ici est d'une nature si singulière et si importante qu'elle veut être détachée du genre et traitée par des méthodes qui lui soient propres.

Les diverses études qu'on va lire sont des fragments de psychologie collective ainsi entendue. Un lien étroit les unit. Il a paru nécessaire de rééditer ici, pour la mettre à sa vraie place, l'étude sur les *foules,* qui figure en appendice à la fin du volume [1]. Le *public,* en effet, objet spécial de l'étude principale, est une foule dispersée, où l'influence des esprits les uns sur les autres est devenue une action à distance, à des distances de plus en plus grandes. Enfin, *l'Opinion,* résultante de toutes ces actions à distance ou au contact, est aux foules et aux publics ce que la pensée est au corps, en quelque sorte. Et si, parmi ces actions d'où elle résulte, on cherche quelle est la plus générale et la plus constante, on s'aperçoit sans peine que c'est ce rapport social élémentaire, la *conversation,* tout à fait négligé par les sociologues.

Une histoire complète de la conversation chez tous les peuples et à tous les âges serait un document de science sociale du plus haut intérêt; et il n'est pas douteux que si, malgré les difficultés d'un tel sujet, la collaboration de nombreux chercheurs venait à bout de les

1 Dans la *Revue des Deux Mondes,* en décembre 1893, puis dans *Mélanges sociologiques* (Storck et Masson, 1895). Les autres études sont parues en 1898 et 1899 dans la *Revue de Paris.*

Gabriel Tarde

surmonter, il se dégagerait du rapprochement des faits recueillis à cet égard dans les races les plus distinctes, un nombre considérable d'idées générales propres à faire de la *conversation comparée* une véritable science, à mettre non loin de la religion comparée ou de l'art comparé - ou même de l'industrie comparée, autrement dit de l'Économie politique.

Mais, bien entendu, je n'ai pu prétendre, en quelques pages, tracer le dessin d'une science pareille. A défaut d'informations suffisantes pour l'esquisser même, je n'ai pu qu'indiquer son futur emplacement, et je serais heureux si, étant parvenu à donner le regret de son absence, je suggérais à quelque jeune travailleur le désir de combler cette grande lacune.

Mai 1901.
G. TARDE.

Chapitre I : Le public et la foule

Non seulement la foule est attirante et appelle irrésistiblement son spectateur, mais son nom exerce un prestigieux attrait sur le lecteur contemporain, et certains écrivains sont trop portés à désigner par ce mot ambigu toutes sortes de groupements humains. Il importe de faire cesser cette confusion et, notamment, de ne pas confondre avec la foule le *Public,* vocable susceptible lui-même d'acceptions diverses, mais que je vais tâcher de préciser. On dit : le public d'un théâtre, le public d'une assemblée quelconque; ici, public signifie foule. Mais cette signification n'est pas la seule ni la principale, et, pendant que son importance décroît ou reste stationnaire, l'âie moderne, depuis l'invention de l'imprimerie, a fait apparaître une espèce de public toute différentes, qui ne cesse de grandir, et dont l'extension indéfinie est l'un des traits les mieux marqués de notre époque. On a fait la psychologie des foules; il reste à faire la psychologie du public, entendu en cet autre sens, c'est-à-dire comme une collectivité purement spirituelle, comme une dissémination d'individus physiquement séparés et dont la cohésion est toute mentale. D'où procède le public, comment il naît, comment il se développe; ses variétés; ses rapports avec ses directeurs; ses rapports avec la foule, avec les corporations, avec les États; sa puissance en bien ou en mal, et ses manières de sentir ou d'agir : voilà ce que nous nous proposons de rechercher dans cette étude.

Dans les sociétés animales les plus basses, l'association consiste surtout en un agrégat matériel. A mesure qu'on s'élève sur l'arbre de la vie, la relation sociale devient plus spirituelle. Mais si les individus s'éloignent au point de ne plus se voir ou restent éloignés ainsi au-delà d'un certain temps très court, ils ont cessé d'être associés. - Or, la foule, en cela, présente quelque chose d'animal. N'est-elle pas un faisceau de contagions psychiques essentiellement produites par des contacts physiques ? Mais toutes les communications d'esprit à esprit, d'âme à âme, n'ont pas pour condition nécessaire le rapprochement des corps. De moins en moins cette condition est remplie quand se dessinent dans nos sociétés civilisées *des courants d'opinion.* Ce n'est pas dans des rassemblements d'hommes sur la voie publique ou sur la place publique, que prennent naissance et se déroulent ces sortes de fleuves sociaux [1], ces grands entraînements qui emportent d'assauts maintenant les cœurs les plus fermes, les raisons les plus résistantes, et se font consacrer lois ou décrets par les parlements ou les gouvernements. Chose étrange, les hommes qui s'entraînent ainsi, qui se suggestionnent mutuellement ou plutôt se transmettent les uns aux autres la suggestion d'en haut ces hommes-là ne se coudoient pas, ne se voient ni ne s'entendent : ils sont assis, chacun chez soi, lisant le même journal et dispersés sur un vaste territoire. Quel est donc le lien qui existe entre eux? Ce lien, c'est, avec la simultanéité de leur conviction ou de leur passion, la conscience possédée par chacun d'eux que cette idée ou cette volonté est partagée au même moment par un grand nombre d'autres hommes. il suffit qu'il sache cela, même sans voir ces hommes, pour qu'il soit influencé car ceux-ci pris en masse, et

---

1 Remarquons que ces comparaisons *hydrauliques* viennent naturellement sous la plume chaque fois qu'il s'agit des foules aussi bien que des publics. En cela ils se ressemblent. Une foule en marche, un soir de fête publique, circule avec une lenteur et des remous nombreux qui rappellent l'idée d'une rivière sans lit précis. Car, rien n'est moins comparable à un organisme qu'une foule, si ce n'est un public. Ce sont plutôt des cours d'eau dont le régime est mal défini.

non pas seulement par le journaliste, inspirateur commun, qui lui-même est invisible et inconnu, et d'autant plus fascinateur.

Le lecteur n'a pas conscience, en général, de subir cette influence persuasive presque irrésistible, du journal qu'il lit habituellement. Le journaliste, lui, aurait plutôt conscience de sa complaisance envers son public dont il n'oublie jamais la nature et les goûts. - Le lecteur a encore moins conscience : il ne se doute absolument pas de l'influence exercée sur lui par la masse des autres lecteurs. Elle n'en est pas moins incontestable. Elle s'exerce à la fois sur sa curiosité qui devient d'autant plus vive qu'il la sait ou la croit partagée par un public plus nombreux ou plus choisi, et sur son jugement qui cherche à s'accorder avec celui de la majorité ou de l'élite, suivant les cas. J'ouvre un journal que je crois du jour, et j'y lis avec avidité certaines nouvelles; puis je m'aperçois qu'il date d'un mois, ou de la veille, et il cesse aussitôt de m'intéresser. D'où provient ce dégoût subit? Les faits racontés ont-ils rien perdu de leur intérêt intrinsèque ? Non, mais nous nous disons que nous sommes seuls à les lire, et cela suffit. Cela prouve donc que notre vive curiosité tenait à l'illusion inconsciente que notre sentiment nous était commun avec un grand nombre d'esprits. Il en est d'un journal de la veille ou de l'avant-veille, comparé à celui du jour, comme d'un discours lu chez soi comparé à un discours entendu au milieu d'une immense foule.

Quand nous subissons à notre insu cette invisible contagion du public dont nous faisons partie, nous sommes portés à l'expliquer par le simple prestige de *l'actualité*. *Si* le journal du jour nous intéresse à ce point, c'est qu'il ne nous raconte que des faits actuels, et ce serait la proximité de ces faits, nullement la simultanéité de leur connaissance par nous et par autrui qui nous passionnerait à leur récit. Mais analysons bien cette *sensation de l'actualité* qui est si étrange et dont la passion croissante est une des caractéristiques les plus nettes de la vie civilisée. Ce qui est réputé «d'actualité», est-ce seulement ce qui vient d'avoir lieu ? Non, c'est tout ce qui inspire actuellement un intérêt général, alors même que ce serait un fait ancien. A été «d'actualité», dans ces dernières années, tout ce qui concerne Napoléon; est d'actualité tout ce qui est à

Chapitre I : Le public et la foule

la mode. Et n'est pas «d'actualité» ce qui est récent, mais négligé actuellement par l'attention publique détournée ailleurs. Pendant toute l'affaire Dreyfus, il se passait en Afrique ou en Asie des faits bien propres à nous intéresser, mais on eût dit qu'ils n'avaient rien d'actuel. - En somme, la passion pour l'actualité progresse avec la sociabilité dont elle n'est qu'une des manifestations les plus frappantes; et comme le propre de la presse périodique, de la presse quotidienne surtout, est de ne traiter que des sujets d'actualité, on ne doit pas être surpris de voir se nouer et se resserrer entre les lecteurs habituels d'un même journal une espèce d'association trop peu remarquée et des plus importantes.

Bien entendu, pour que cette *suggestion à distance* des individus qui composent un même public devienne possible, il faut qu'ils aient pratiqué longtemps, par l'habitude de la vie sociale intense, de la vie urbaine, la suggestion à proximité. Nous commençons, enfants, adolescents, par ressentir vivement *l'action des regards d'autrui,* qui s'exprime à notre insu dans notre attitude, dans nos gestes, dans le cours modifié de nos idées, dans le trouble ou la surexcitation de nos paroles, dans nos jugements, dans nos actes. Et c'est seulement après avoir, pendant des années, subi et fait subir cette action impressionnante du regard, que nous devenons capable d'être impressionnés même par la *pensée du regard d'autrui,* par l'idée que nous sommes l'objet de l'attention de personnes éloignées de nous. Pareillement, c'est après avoir connu et pratiqué longtemps le pouvoir suggestif d'une voix dogmatique et autoritaire, entendue de près, que la lecture d'une affirmation énergique suffit à nous convaincre, et que même la simple connaissance de l'adhésion d'un grand nombre de nos semblables à ce jugement nous dispose à juger dans le même sens. La formation d'un public suppose donc une évolution mentale et sociale bien plus avancée que la formation d'une foule. La suggestibilité purement idéale, la contagion sans contact, que suppose ce groupement purement abstrait et pourtant si réel, cette foule spiritualisée, élevée, pour ainsi dire, au second degré de puissance, n'a pu naître qu'après bien des siècles de vie sociale plus grossière, plus élémentaire.

Il n'y a pas de mot, en latin ni en grec, qui réponde à ce que nous entendons par public. Il y en a pour désigner le peuple, l'assemblée des citoyens armés ou non armés, le corps électoral, toutes les variétés de foules. Mais quel est l'écrivain de l'antiquité qui a songé à parler de son public? Aucun d'eux n'a jamais connu que *son auditoire,* dans ces salles louées pour des lectures publiques où les poètes contemporains de Pline le jeune rassemblaient une petite foule sympathique. Quant aux lecteurs épars de manuscrits copiés à la main, tirés à quelques dizaines d'exemplaires, ils n'avaient point conscience de former un agrégat social, comme à présent les lecteurs d'un même journal ou, parfois, d'un même roman à la mode. Au moyen âge, y avait-il un public? Non, mais il y avait des foires, des pèlerinages des multitudes tumultueuses où couraient des émotions pieuses ou belliqueuses, des colères ou des paniques. Le public n'a pu commencer à naître qu'après le premier grand développement de l'invention de l'imprimerie, au XVIe siècle. Le transport de la force à distance n'est rien, comparé à ce transport de la pensée à distance. La pensée n'est-elle pas la force sociale par excellence? Songez aux *idées-forces* de M. Fouillée. Alors, on a vu, nouveauté profonde et d'incalculable effet, la lecture quotidienne et simultanée d'un même livre, la Bible, édité pour la première fois à des millions d'exemplaires, donner à la masse unie de ses lecteurs la sensation de former un corps social nouveau, détaché de l'Église. Mais ce public naissant n'était encore lui-même qu'une Église à part, avec laquelle il se présentait confondu, et c'est l'infirmité du protestantisme, d'avoir été à la fois un public et une Église, deux agrégats régis par des principes différents et de nature inconciliable. Le public comme tel ne s'est dégagé un peu nettement que sous Louis XIV. Mais, à cette époque, s'il y avait des foules aussi torrentielles que maintenant et aussi considérables aux couronnements des princes, aux grandes fêtes, aux émeutes provoquées par de périodiques famines, le public ne se composait guère que d'une étroite élite d'»honnêtes gens» lisant leur gazette mensuelle, lisant surtout des livres, un petit nombre de livres écrits pour un petit nombre de lecteurs. Encore ces lecteurs étaient-ils pour la plupart rassemblés à Paris, sinon à la cour.

Au XVIIIe siècle, ce public grossit rapidement et se fragmente. je ne crois pas qu'avant Bayle il ait existé un public philosophique distinct du grand public littéraire ou commençant à s'en détacher. Car je n'appelle pas public un groupe de savants unis, il est vrai, malgré leur dispersion en diverses provinces ou divers États, par la préoccupation des recherches semblables et la lecture des mêmes écrits, mais si peu nombreux qu'ils entretiennent tous entre eux des relations épistolaires et puisent dans ces rapports personnels le principal aliment de leur communion scientifique. Un public spécial ne se dessine qu'à partir du moment, difficile à préciser, où les hommes adonnés aux mêmes études ont été en trop grand nombre pour pouvoir se connaître ainsi personnellement, et n'ont senti se nouer entre eux les liens d'une certaine solidarité que par d'impersonnelles communications d'une fréquence et d'une régularité suffisantes. Dans la seconde moitié du XVIIIe siècle, un public politique naît, grandit, et bientôt, dans ses débordements, il absorbe, comme un fleuve ses affluents, tous les autres publics, littéraire, philosophique, scientifique. Cependant, jusqu'à la Révolution, la vie de public a peu d'intensité par elle-même et ne prend d'importance que par la vie de foule à laquelle elle se rattache encore, par l'animation extrême des salons et des cafés.

De la Révolution date l'avènement véritable du journalisme, et, par suite, du public, dont elle a été la fièvre de croissance. Ce n'est pas qu'elle n'ait suscité des foules aussi, mais cela n'a rien qui la distingue des guerres civiles du passé, au XIVe, au XVIe siècle, sous la Fronde même. Les foules frondeuses, les foules ligueuses, les foules cabochiennes n'étaient ni moins redoutables, ni peut-être moins nombreuses que celles du 14 juillet et du 10 août. Car une foule ne saurait grossir au-delà d'un certain degré, marqué par les limites de la voix et du regard, sans se fractionner aussitôt ou sans devenir incapable d'une action d'ensemble, action toujours la même, d'ailleurs : barricades, pillages de palais, massacres, démolitions, incendies. Rien de plus monotone que ces manifestations séculaires de son activité. Mais ce qui caractérise 1789, ce que le passé n'avait jamais vu, c'est cette pullulation de journaux, avidement dévorés, qui éclosent à cette époque. Si beaucoup sont mort-nés, quelques-uns donnent le spectacle d'une diffusion inouïe. Chacun de ces grands et odieux publicistes [1],

1 «Publiciste, dit Littré, n'est dans le Dictionnaire de l'Académie qu'à partir de 1762» et encore n'y figure, dit-il - comme encore à présent dans la plupart des

Marat, Desmoulins, le père Duchesne, avait son public, et l'on peut considérer les foules incendiaires, pillardes meurtrières, cannibales, qui ont ravagé la France alors, du nord au midi, de l'est à l'ouest, comme des excroissances, des éruptions malignes de ces publics, auxquels leurs malfaisants échansons -menés en triomphe au Panthéon après leur mort - versaient tous les jours l'alcool vénéneux des mots vides et violents. Ce n'est pas que les émeutes fussent composées exclusivement, à Paris même, à plus forte raison en province et dans les campagnes, de lecteurs de journaux; mais ceux-ci en étaient toujours le levain, sinon la pâte. Les clubs aussi, les réunions de café, qui ont joué un rôle si important pendant la période révolutionnaire, sont nés du public, tandis que, avant la Révolution, le public était plutôt l'effet que la cause des réunions de cafés et de salons.

Mais le public révolutionnaire était surtout parisien; au-delà de Paris, il rayonnait faiblement. Arthur Young, dans son fameux voyage, est frappé de voir les feuilles publiques si peu répandues dans les villes mêmes. Il est vrai que la remarque s'applique aux débuts de la Révolution ; un peu plus tard, elle perdrait beaucoup de sa justesse Jusqu'à la fin, cependant, l'absence de communications rapides a opposé un obstacle insurmontable à l'intensité et à la large propagation de la vie du public. Comment des journaux, qui n'arrivent que deux ou trois fois par semaine, et huit jours après leur apparition à Paris, pourraient-ils donner à leurs lecteurs du midi la sensation d'actualité et la conscience d'unanimité simultanée, sans lesquelles la lecture d'un journal ne diffère pas essentiellement de celle d'un livre? Il était réservé à notre siècle, par ses procédés de locomotion perfectionnée et de transmission instantanée de la pensée à toute distance, de donner aux publics, à tous les publics, l'extension indéfinie dont ils sont susceptibles et qui creuse entre eux et les foules un contraste si marqué. La foule est le groupe social du passé; après la famille, elle est le plus antique de tous les groupes sociaux. Elle est, sous toutes ses formes, debout ou assise, immobile ou en marche, incapable de s'étendre au-delà

dictionnaires - qu'avec l'acception d'auteur qui écrit sur le droit public. Le sens du mot, dans l'usage courant, ne s'est élargi qu'au cours de notre siècle, pendant que celui du public, en vertu de la même cause, allait se restreignant., du moins tel que je l'emploie.

Chapitre I : Le public et la foule

d'un faible rayon; quand ses meneurs cessent de la tenir *in manu*, quand elle cesse d'entendre leur voix, elle s'échappe. Le plus vaste auditoire qu'on ait vu est celui du Colisée ; encore n'excédait-il pas cent mille personnes. Les auditoires de Périclès ou de Cicéron, ceux même des grands prédicateurs du moyen âge, d'un Pierre l'Ermite ou d'un Saint Bernard, étaient sans doute bien inférieurs. Aussi ne voit-on pas que la puissance de l'éloquence, soit politique, soit religieuse, ait sensiblement progressé dans l'antiquité ou au moyen âge. Mais le public est indéfiniment extensible, et comme, à mesure qu'il s'étend, sa vie particulière devient plus intense, on ne peut nier qu'il ne soit le groupe social de l'avenir. Ainsi s'est formée, par un faisceau de trois inventions mutuellement auxiliaires, imprimerie, chemin de fer, télégraphe, la formidable puissance de la presse, ce prodigieux téléphone qui a si démesurément grossi l'ancien auditoire des tribuns et des prédicateurs. Je ne puis donc accorder à un vigoureux écrivain, le Dr Le Bon, que notre âge soit «l'ère des foules». Il est l'ère du public ou des publics, ce qui est bien différent.

Jusqu'à un certain point, un public se confond avec ce qu'on appelle un *monde*, «le monde littéraire», le «monde politique», etc., à cela près que cette dernière idée implique, entre les personnes qui font partie du même monde, un contact personnel, un échange de visites, de réceptions, qui peut ne pas exister entre les membres d'un même public. Mais de la foule au public la distance est immense, comme on le voit déjà, quoique le public procède en partie d'une espèce de foule, de l'auditoire des orateurs.

Entre les deux, il est bien d'autres différences instructives, que je n'ai pas encore indiquées. On peut appartenir en même temps, et de fait on appartient toujours simultanément, à plusieurs publics comme à plusieurs corporations ou sectes ; on ne peut appartenir qu'à une seule foule à la fois. De là l'intolérance beaucoup plus grande des foules et, par suite, des nations où domine l'esprit des foules, parce que l'être y est pris tout entier, irrésistiblement entraîné par une force sans contrepoids. Et de là, l'avantage attaché à la substitution graduelle des publics aux foules, transformation qui s'accompagne toujours d'un progrès dans la tolérance, sinon

Gabriel Tarde

dans le scepticisme. Il est vrai que d'un public surexcité, comme il arrive souvent, jaillissent parfois des foules fanatiques qui se promènent par les rues en criant *vive ou à mort* n'importe quoi. Et, en ce sens, le public pourrait être défini une foule virtuelle. Mais cette chute du public dans la foule, si elle est dangereuse au plus haut degré, est en somme assez rare; et, sans examiner si ces foules nées d'un public ne sont pas un peu moins brutales, malgré tout, que les foules antérieures à tout public, il reste évident que l'opposition de deux publics, toujours prêts à se fusionner sur leurs frontières indécises, est un bien moindre danger pour la paix sociale que la rencontre de deux foules opposées.

La foule, groupement plus naturel, est plus asservie aux forces de la nature; elle dépend de la pluie ou du beau temps, de la chaleur ou du froid; elle est plus fréquente l'été que l'hiver. Un rayon de soleil la rassemble, une averse la dissipe. Bailly, quand il était maire de Paris, bénissait les jours de pluie, et s'attristait en voyant s'éclaircir le ciel. Mais le public, groupement d'un ordre supérieur, n'est pas soumis à ces variations et à ces caprices du milieu physique, de la saison ou même du climat. Non seulement la naissance et la croissance, mais les surexcitations même du public, maladies sociales apparues en ce siècle et d'une gravité toujours grandissante, échappent à ces influences.

C'est en plein hiver qu'a sévi dans toute l'Europe la crise la plus aiguë de ce genre, à notre connaissance, celle de l'affaire Dreyfus. A-t-elle été plus passionnée au midi qu'au nord, à l'instar des foules ? Non, c'est plutôt en Belgique, en Prusse, en Russie qu'elle a agité des esprits. -Enfin, l'empreinte de la race est bien moins profonde sur le public que sur la foule. Et il n'en peut être autrement, en vertu de la considération suivante.

Pourquoi, en effet, un meeting anglais diffère-t-il si profondément d'un club français, un massacre de septembre d'un lynchage américain, une fête italienne d'un couronnement du tsar où deux cent mille moujiks rassemblés ne s'émeuvent pas de la catastrophe qui fait périr trente mille d'entre eux? Pourquoi, d'après la nationalité d'une foule, un bon observateur peut-il prédire, presque à coup sûr, comment elle agira, - beaucoup plus sûrement qu'il ne prédirait la manière d'agir de chacun des individus qui la composent - et pourquoi, malgré les plus grandes transformations survenues dans les mœurs et les idées de la France ou de l'Angleterre depuis trois ou quatre siècles, les foules françaises de notre temps, boulangistes ou antisémites, rappellent-elles par tant de traits communs les foules de la Ligue ou de la Fronde, comme les foules anglaises, d'aujourd'hui celles du temps de Cromwell? Parce que, dans la composition d'une foule, les individus n'entrent que par leurs similitudes ethniques, qui s'additionnent et font masse, non par leurs différences propres, qui se neutralisent, et que, dans le roulement d'une foule, les angles de l'individualité s'émoussent mutuellement au profit du type national qui se dégage. Il en est ainsi malgré l'action individuelle du meneur ou des meneurs qui se fait toujours sentir, mais toujours contrebalancée par l'action réciproque des menés.

Or, l'influence que le publiciste -exerce sur son public, si elle est beaucoup moins intense à un instant donné, est, par sa continuité, bien plus puissante que l'impulsion brève et passagère imprimée à la foule par son conducteur; et, de plus, elle est secondée, jamais combattue, par l'influence beaucoup plus faible que les membres d'un même public exercent les uns sur les autres, grâce à la conscience de l'identité simultanée de leurs idées ou de leurs tendances, de leurs convictions ou de leurs passions, quotidiennement attisées par le même soufflet de forge.

On a pu contester, à tort, mais non sans une spécieuse apparence de raison, que toute foule ait un meneur, et, de fait, c'est souvent elle qui mène son chef, et parfois son créateur ? Ce que Sainte-Beuve dit du génie, que «le génie est un roi qui crée son peuple», est surtout vrai du grand journaliste. Combien voit-on de publicistes créer leur public ! [1] À la vérité, pour qu'Édouard Drumont suscitât l'antisémitisme, il a fallu que sa tentative d'agitation répondît à

---

[1] Dira-t-on que, si chaque grand publiciste fait son public, chaque public un peu nombreux se fait son publiciste? Cette dernière proposition est beaucoup moins vraie que la première : On voit des groupes très nombreux qui, pendant de longues années, ne parviennent pas à faire surgir l'écrivain adapté à leur véritable orientation. Tel est le cas du monde catholique à présent.

un certain état d'esprit disséminé parmi la population ; mais, tant qu'une voix ne s'élevait pas, retentissante, qui prêtât une expression commune à cet état d'esprit, il restait purement individuel, peu intense, encore moins contagieux, inconscient de lui-même. Celui qui l'a exprimé l'a créé comme force collective, factice, soit, réelle néanmoins. je sais des régions françaises où l'on n'a jamais vu un seul juif, ce qui n'empêche pas l'antisémitisme d'y fleurir, parce qu'on y lit les journaux antisémites. L'état d'esprit socialiste, l'état d'esprit anarchiste, n'étaient rien non plus, avant que quelques publicistes fameux, Karl Marx, Kropotkine et autres, les eussent exprimés et mis en circulation à leur effigie. On comprend facilement, d'après cela, que l'empreinte individuelle du génie de son promoteur soit plus marquée sur un public que le génie de la nationalité, et que l'inverse soit vrai de la foule. On comprend aussi, de la même manière, que le public d'un même pays, en chacune de ses branches principales, apparaisse transformé en très peu d'années quand ses conducteurs se sont renouvelés, et que, par exemple, le public socialiste français d'à présent ne ressemble en rien à celui du temps de Proudhon - pendant que les foules françaises de tout genre gardent leur même physionomie reconnaissable à travers les siècles.

On objectera peut-être que le lecteur d'un journal dispose bien plus de sa liberté d'esprit que l'individu perdu et entraîné dans une foule. il peut réfléchir à ce qu'il lit, en silence, et, malgré sa passivité habituelle, il lui arrive de changer de journal, jusqu'à ce qu'il ait trouvé celui qui lui convient ou qu'il croit lui convenir. D'autre part, le journaliste cherche à lui plaire et à le retenir. La statistique des abonnements et des désabonnements est un excellent thermomètre, souvent consulté, qui avertit les rédacteurs de la ligne de conduite et de pensée à suivre. Une indication de cette nature a motivé, dans une affaire fameuse, la volte-face subite d'un grand journal, et cette palinodie n'est pas exceptionnelle. Le public réagit donc parfois sur le journaliste, mais celui-ci agit continuellement sur son public. Après quelques tâtonnements, le lecteur a choisi son journal, le journal a trié ses lecteurs, il y a eu mutuelle sélection, d'où mutuelle adaptation. L'un a mis la main sur un journal à sa convenance, qui flatte ses préjugés ou ses passions, l'autre sur un lecteur à son gré, docile et crédule, qu'il peut diriger facilement moyennant quelques concessions à son parti pris, analogues aux précautions oratoires des anciens orateurs. L'homme d'un seul livre est à craindre, a-t-on dit; mais qu'est-ce auprès de l'homme d'un seul journal! Et cet homme, c'est chacun de nous au fond, ou peu s'en faut. Voilà le danger des temps nouveaux. Loin, donc, d'empêcher l'action du publiciste d'être finalement décisive sur son public, la double sélection, la double adaptation qui fait du public un groupe homogène, bien connu de l'écrivain et bien maniable, lui permet d'agir avec plus de force et de sûreté. - La foule est, en général, bien moins homogène que le public : elle se grossit toujours de beaucoup de curieux, de demi-adhérents qui ne tardent pas à être momentanément gagnés et assimilés, mais qui ne laissent pas de rendre malaisée une direction commune de ces éléments incohérents.

On pourra contester cette homogénéité relative, sous prétexte que «nous ne lisons jamais le même livre» de même que «nous ne nous baignons jamais dans le même fleuve». Mais, outre que ce paradoxe antique est fort discutable, est-il aussi vrai de dire que nous ne lisons jamais le même journal? On pensera peut-être que, le journal étant plus bariolé que le livre, l'adage cité est encore plus applicable à celui-là qu'à celui-ci. En fait, cependant, tout journal a son clou, et ce clou, de plus en plus mis en relief, fixe l'attention de la totalité des lecteurs, hypnotisés par ce point brillant. Au fond, malgré sa bigarrure d'articles, chaque feuille a sa couleur voyante qui lui est propre, sa spécialité, soit pornographique, soit diffamatoire, soit politique, soit toute autre, à laquelle tout le reste est sacrifié et sur laquelle son public se jette avidement. En le prenant par cet appât, le journaliste selon son cœur le mène où il veut.

Autre considération. Le public, après tout, n'est qu'une espèce de *clientèle* commerciale, mais une espèce très singulière et qui tend à éclipser le genre. Or, déjà le fait d'acheter les mêmes produits dans des magasins de même ordre, de se faire habiller chez la même faiseuse ou le même tailleur, de fréquenter le même restaurant, établit entre les personnes d'un même monde un certain lien social

Gabriel Tarde

et suppose entre elles des affinités que ce lien resserre et accentue. Chacun de nous, en achetant ce qui répond à ses besoins, a plus ou moins vaguement conscience d'exprimer et de développer par là son union avec la classe sociale qui s'alimente, s'habille, se satisfait en tout d'une manière à peu près analogue. Le fait économique, seul remarqué des économistes, se complique donc d'un rapport sympathique qui mériterait aussi d'attirer leur attention. Ils ne considèrent les acheteurs d'un produit, d'un service, que comme des rivaux qui se disputent l'objet de leur désir; mais ce sont aussi et surtout des congénères des semblables qui cherchent à fortifier leur similitude et à se distinguer de ce qui n'est pas eux. Leur désir se nourrit du désir d'autrui, et, dans leur émulation même, il y a une secrète sympathie qui demande à s'accroître. Mais combien le lien qui se noue, par la lecture habituelle d'un même journal, entre ses lecteurs, est plus intime encore et plus profond! Ici, personne ne songerait à parler de concurrence, il n'y a qu'une communion d'idées suggérées, et la conscience de cette communion - mais non de cette suggestion, qui est pourtant manifeste.

De même qu'il y a, pour tout fournisseur, deux sortes de clientèle, une clientèle fixe et une clientèle flottante, il y a aussi deux sortes de public pour les journaux ou les revues : un public stable, consolidé, et un public flottant, instable. La proportion de ces deux publics est très inégale d'une feuille à l'autre; pour les vieilles feuilles, organe des vieux partis, le second ne compte pas ou compte à peine, et je conviens qu'ici l'action du publiciste est singulièrement entravée par l'intolérance de la maison où il est entré et d'où une dissidence affichée le chasserait. Elle est, en revanche, tout autrement durable et pénétrante quand elle parvient à s'exercer là. Remarquons, du reste, que les publics fidèles et traditionnellement attachés à un journal tendent à disparaître, de plus en plus remplacés par des publics plus mouvants, sur lesquels la prise du journaliste de talent est bien plus aisée, sinon plus solide. On peut gémir, à bon droit sur cette évolution du journalisme, car les publics fermes font les publicistes honnêtes et convaincus, comme les publics capricieux font les publicistes légers, versatiles, inquiétants : mais il semble bien qu'elle soit à présent irrésistible, malaisément réversible, et l'on voit les perspectives de puissance sociale grandissante qu'elle

Chapitre I : Le public et la foule

ouvre aux hommes de plume. Il se peut qu'elle asservisse de plus en plus aux caprices de leur public les publicistes médiocres, mais, à coup sûr, elle soumet de plus en plus au despotisme des grands publicistes leur public subjugué. Ceux-ci, bien plus que les hommes d'État, même supérieurs, font l'opinion et mènent le monde. Et, quand ils se sont imposés, quel trône solide est le leur! Comparez à l'usure si rapide des hommes politiques, même des plus populaires, le règne prolongé et indestructible des journalistes de haute marque, qui rappelle la longévité d'un Louis XIV ou le succès indéfini des comédiens et des tragédiens illustres. Il n'est pas de vieillesse pour ces autocrates.

Voilà pourquoi il est si malaisé de faire une bonne loi sur la presse. C'est comme si l'on avait voulu réglementer la souveraineté du Grand Roi ou de Napoléon. Les délits de presse, les crimes de presse même, sont à peu près impunissables comme l'étaient les délits de tribune dans l'antiquité et les délits de chaire au moyen âge.

S'il était vrai, comme les louangeurs des foules ont l'habitude de le répéter, que le rôle historique des individualités fût destiné à s'amoindrir de plus en plus au fur et à mesure de l'évolution démocratique des sociétés, on devrait être singulièrement surpris de voir grandir de jour en jour l'importance des publicistes. Il n'est pourtant pas niable qu'ils font l'opinion dans les circonstances critiques : et, quand il plaît à deux ou trois de ces grands chefs de clans politiques ou littéraires de s'allier pour une même cause, si mauvaise qu'elle soit, elle est assurée de triompher. Ainsi, chose remarquable, le dernier formé des groupements sociaux et le plus en voie de se déployer au cours de notre civilisation démocratique, autrement dit le groupement social en publics, est celui qui offre aux caractères individuels marquants les plus grandes facilités de s'imposer, et aux opinions individuelles originales les plus grandes facilités de se répandre.

Or, il suffit d'ouvrir les yeux pour s'apercevoir que la division d'une société en publics, division toute psychologique, et qui correspond à des différences d'états d'esprit, tend, non pas à se substituer

Gabriel Tarde

sans doute, mais à se superposer de plus en plus visiblement et efficacement à sa division religieuse, économique, esthétique, politique, en corporations, en sectes en métiers, en écoles, ou bien en partis. Ce ne sont pas uniquement ces variétés des foules d'autrefois, les auditoires des tribuns ou des prédicateurs, qui sont dominés ou agrandis par les publics qui leur correspondent, public parlementaire ou public religieux; mais il n'est pas une secte qui ne veuille avoir son journal à soi pour s'entourer d'un public qui rayonne bien au-delà d'elle, sorte d'atmosphère ambiante où elle sera baignée, de conscience collective dont elle sera illuminée. Et ce n'est pas de cette conscience, certes, qu'on pourra dire qu'elle est un simple *épiphénomène,* par lui-même inefficace et inactif. Il n'est pas non plus de profession, petite ou grande, qui ne veuille avoir son journal ou sa revue, comme au moyen âge chaque corporation avait son aumônier, son prédicateur habituel, comme, dans l'antiquité grecque, chaque classe avait son orateur attitré. Le premier soin d'une nouvelle école littéraire ou artistique qui se fonde, n'est-il pas d'avoir son journal aussi, et se croirait-elle complète sans cela? Est-il un parti ou un fragment de parti qui ne s'empresse de s'exprimer bruyamment dans quelque publication périodique, quotidienne, par laquelle il espère se répandre, par laquelle à coup sûr il se fortifie, en attendant qu'il se modifie, se fusionne ou se fractionne? Un parti sans journal ne nous fait-il pas l'effet d'un monstre acéphale, quoique tous les partis de l'antiquité, du moyen âge, de l'Europe moderne même jusqu'à la Révolution française, aient présenté normalement cette prétendue monstruosité?

Cette transformation de tous les groupes quelconques en publics s'exprime par un besoin croissant de sociabilité qui rend nécessaire la mise en communication régulière des associés par un courant continu d'informations et d'excitations communes. Elle est donc inévitable. Et il importe de rechercher les conséquences qu'elle a ou qu'elle aura, suivant toutes les vraisemblances, sur les destinées des groupes ainsi transformés, au point de vue de leur durée, de leur solidité, de leur force, de leurs luttes ou de leurs alliances.

Comme durée et comme solidité, il est certain que les groupements anciens n'ont rien à gagner au changement dont il s'agit. La paresse mobilise tout ce qu'elle touche et vivifie, et il n'est pas d'église en apparence si immuable qui, dès le moment où elle se soumet à la mode de la publication à jet continu, ne donne des signes visibles de mutations intérieures vainement dissimulées. Pour se convaincre de cette efficacité à la fois dissolvante et régénératrice inhérente au journal, il suffit de comparer les partis politiques d'avant le journalisme aux partis politiques d'à présent. N'étaient-ils pas, au temps jadis, moins ardents et plus durables, moins vivants et plus tenaces, plus inextensibles et plus infrangibles, plus réfractaires aux tentatives de renouvellement ou d'émiettement? De l'antithèse séculaire, si tranchée et si persistante, des whigs et des tories, que subsiste-t-il, de nos jours, en Angleterre? Rien n'était plus rare, dans l'ancienne France, que l'apparition d'un nouveau parti; à notre époque, les partis sont en voie de remaniement perpétuel, de palingénésie et de génération spontanée. Aussi s'inquiète-t-on ou s'effraie-t-on de moins en moins de leur étiquette, car on sait bien que, s'ils parviennent au pouvoir, ils n'y arriveront que transformés à fond. Bientôt, des partis héréditaires et traditionnels de jadis, il ne restera plus que le souvenir.

La force relative des anciens agrégats sociaux est aussi singulièrement modifiée par l'intervention de la presse. Avant tout, observons qu'elle est loin de favoriser la prépondérance des classements professionnels. La presse professionnelle, celle qui est consacrée à des intérêts de métier, judiciaires, industriels, agricoles, est la moins lue, la moins intéressante, la moins agissante, sauf quand il s'agit de grève et de politique sous couleur de travail. C'est la division sociale par groupes d'idées théoriques, d'aspirations idéales, de sentiments, qui reçoit de la presse une accentuation et une prépondérance visibles. Les intérêts ne s'expriment par elle - et c'est là son honneur - que déguisés ou sublimés en théories et en passions; même en les passionnant, elle les spiritualise et les idéalise; et, si dangereuse parfois que soit cette transfiguration, elle est, en somme, heureuse. Les idées et les passions ont beau écumer en se heurtant, elles sont toujours moins irréconciliables que les intérêts.

Gabriel Tarde

Les partis, religieux ou politiques, sont les groupes sociaux sur lesquels le journal a le plus de prise et qu'il met en plus haut relief. Mobilisés en public, les partis se déforment, se reforment, se transforment avec une rapidité qui eût stupéfié nos ancêtres. Et il faut convenir que leur mobilisation et leur mutuel entrelacement sont peu compatibles avec le fonctionnement régulier du parlementarisme à l'anglaise; ce qui est un petit malheur, mais force à modifier profondément, en conséquence, le régime parlementaire. Tantôt les partis, maintenant, se résorbent et s'anéantissent en quelques années. Tantôt ils s'amplifient dans des proportions inouïes. Ils acquièrent alors une force énorme, mais passagère. Ils revêtent deux caractères qu'on ne leur connaissait pas : ils deviennent susceptibles de s'entrepénétrer et de s'internationaliser. Ils s'entrepénètrent facilement parce que, comme nous l'avons dit plus haut, chacun de nous fait partie ou peut faire partie de plusieurs publics à la fois. Ils s'internationalisent parce que le verbe ailé du journal franchit sans peine les frontières que ne franchissait jamais, jadis, la voix de l'orateur le plus célèbre, du leader d'un parti [1]. C'est la presse qui a prêté à l'éloquence parlementaire ou clubiste ses propres ailes et qui la répand dans le monde entier. Si cette ampleur internationale des partis transformés en publics rend leur hostilité plus redoutable, leur mutuelle pénétration et l'indétermination de leurs limites facilitent leurs alliances, même immorales, et permettent d'espérer un traité de paix final. Par suite, il semble que la transformation des partis en public soit plus contraire à leur durée qu'à leur accord, au repos qu'à la paix, et que l'agitation sociale produite par elle prépare plutôt les voies à l'union sociale. Cela est si vrai que, malgré les divergences et la multiplicité des publics coexistants et entremêlés dans une société, ils semblent former ensemble un seul et même public, par leur accord partiel sur quelques points importants; et c'est ce qu'on appelle l'Opinion, dont la prépondérance politique grandit toujours. A certains moments critiques de la vie des peuples,

---

1 Certains grands journaux, le *Times,* le *Figaro,* certaines grandes revues, ont leur public disséminé dans le monde entier. - Les publics religieux, scientifiques, économiques, esthétiques, sont essentiellement et *constamment* internationaux; *les foules religieuses,* scientifiques, etc., ne le sont que rarement sous forme de congrès. Encore les congrès n'ont-ils pu devenir internationaux que parce qu'ils ont été précédés dans cette voie par leurs publics respectifs.

Chapitre I : Le public et la foule

quand un danger national se montre, cette fusion dont je parle est frappante et presque complète ; et l'on voit alors le, groupe social par excellence, la nation, se transformer comme tous les autres en un grand faisceau de lecteurs fiévreux, suspendus à la lecture des dépêches. En temps de guerre, classes, métiers, syndicats, partis, rien ne paraît plus subsister des groupements sociaux en France, si ce n'est l'armée française et «le public français».

De tous les agrégats sociaux, cependant, celui qui est avec les publics en rapport le plus étroit, c'est la foule. Quoique le public ne soit souvent qu'un auditoire agrandi et dispersé, les différences entre la foule et lui sont multiples et caractéristiques, nous l'avons vu ; elles vont même jusqu'à établir une sorte de rapport inverse entre les progrès des foules et les progrès des publics. Du public surexcité, il est vrai, naissent des rassemblements tumultueux dans la rue ; et, comme un même public peut être répandu sur un vaste territoire, il est possible que, dans beaucoup de villes à la fois, des multitudes bruyantes nées de lui s'assemblent, crient, pillent, massacrent. Cela s'est vu [1]. Mais ce qu'on ne voit pas, ce sont toutes les forces qui se rassembleraient s'il n'existait pas de publics. Si, par hypothèse, tous les journaux étaient supprimés, et, avec eux, leurs publics, est-ce que la population ne manifesterait pas une tendance beaucoup plus forte qu'à présent à se grouper en auditoires plus nombreux et plus denses autour des chaires de professeurs, de prédicateurs même, à remplir les lieux publics, cafés clubs, salons, salles de lecture, sans compter les théâtres, et à se comporter partout plus bruyamment ?

On ne songe pas à toutes les discussions de cafés, de salons, de clubs, dont les polémiques de la presse nous garantissent, antidote relativement inoffensif. Il est de fait que le nombre des auditeurs, en général, va en diminuant, ou du moins ne va pas en grandissant dans les réunions publiques, et nos orateurs les plus courus sont

---

1 On peut même dire que chaque public se peint par la nature de la foule qui naît de lui. Le public pieux se peint par les pèlerinages de Lourdes. - le public mondain par les courses de Longchamp, par les bals, par des fêtes, - le public littéraire par les auditoires de théâtre, les réceptions à l'Académie française, - le public industriel par ses grèves, - le public politique par ses réunions électorales, ses Chambres des députés, - le public révolutionnaire par ses émeutes et ses barricades...

Gabriel Tarde

loin de prétendre aux succès d'Abélard qui attirait sur ses pas trente mille élèves jusqu'au fond de la triste vallée du Paraclet. Même quand les auditeurs sont aussi nombreux, ils sont moins attentifs qu'avant l'imprimerie, quand l'effet d'une inattention était irréparable.

Notre Université n'a plus l'idée de l'affluence et de l'attention d'autrefois, dans ses amphithéâtres maintenant aux trois quarts déserts. La plupart de ceux qui, jadis, auraient été passionnément curieux d'entendre un discours, se disent à présent : «je le lirai dans mon journal...» Et c'est ainsi que, peu à peu, les publics grossissent, pendant que les foules diminuent et que diminue plus rapidement encore leur importance.

Qu'est devenu le temps où l'éloquence sacrée d'un apôtre, d'un Colomban, d'un Patrick, convertissait des peuples entiers suspendus à ses lèvres ? Les grandes conversions des masses, à présent, ce sont les journalistes qui les opèrent.

Ainsi, quelle que soit la nature des groupes entre lesquels se fractionne une société, qu'ils aient un caractère religieux, économique, politique, national même, le public est en quelque sorte leur état final et, pour ainsi dire, leur dénomination commune; c'est à ce groupe tout psychologique d'état d'esprit en voie de perpétuelle mutation que tout se ramène. Et il est remarquable que l'agrégat professionnel, fondé sur la mutuelle exploitation et adaptation des désirs et des intérêts, soit le plus atteint par cette transformation civilisatrice. En dépit de toutes les dissemblances que nous avons notées, la foule et le public, ces deux termes extrêmes de l'évolution sociale [1], ont cela de commun que le lien des individus divers qui les composent consiste non à *s'harmoniser* par leurs diversités mêmes, par leurs spécialités utiles les unes aux autres, mais à s'entre-refléter, à se confondre par leurs similitudes innées ou acquises en un simple et puissant *unisson, - mais* avec combien plus de force dans le public que dans la foule! - en une communion d'idées et de passions qui laisse d'ailleurs libre jeu à leurs différences individuelles.

1 La famille et la horde sont les deux points de départ de cette évolution. Mais la horde, la bande grossière et pillarde, n'est que la foule en marche.

Chapitre I : Le public et la foule

Après avoir montré la naissance et la croissance du public, marqué ses caractères propres, semblables ou dissemblables à ceux de la foule, et indiqué ses rapports généalogiques avec les différents groupes sociaux, essayons d'esquisser une classification de ses variétés, comparées à celles de la foule.

On peut classer les publics comme les foules, à des points de vue très divers; sous le rapport du sexe, il y a des publics masculins et féminins, comme des foules masculines et féminines. Mais les publics féminins composés de lectrices de romans ou de poésies à la mode, de journaux de mode, de revues féministes, etc., ne ressemblent guère aux foules du même sexe. Ils ont une tout autre importance numérique et une nature plus inoffensive. je ne parle pas des auditoires de femmes dans les églises; mais quand, par hasard, elles se rassemblent dans la rue, elles épouvantent toujours par le degré extraordinaire de leur exaltation et de leur férocité. Jannsen et Taine sont à relire à ce sujet. Le premier nous parle de la Hofmann, sorcière et virago, qui, en 1529, conduisait des bandes de paysans et de paysannes soulevées par des prédications luthériennes. «Elle ne respirait qu'incendie, pillage et meurtre», et prononçait des sortilèges qui, devant rendre ses bandits invulnérables, les fanatisaient. Le second nous peint la conduite des femmes, même jeunes et jolies, aux journées des 5 et 6 octobre 1789. Elles ne parlent que de dépecer, d'écarteler la reine, de lui «manger le cœur», de faire des «cocardes avec ses boyaux»; il ne leur vient que des idées de cannibales, idées qu'elles réalisent, paraît-il. - Est-ce à dire que les femmes, malgré leur douceurs apparente recèleraient des instincts sauvages, des virtualités homicides révélées par leurs attroupements ? Non, il est clair qu'il se fait dans ces rassemblements féminins, une sélection de tout ce qu'il y a de plus effronté, de plus hardi, j'allais dire de plus masculin, parmi les femmes. *Corruptio optimi pessima.* Il ne faut pas, certes, tant d'effronterie, ni de perversité, pour lire un journal même violent et pervers, et de là, sans doute, la meilleure composition des publics de femmes, en général de nature esthétique plutôt que politique.

Sous le rapport de l'âge, les foules juvéniles - monômes ou émeutes d'étudiants, de gamins de Paris - ont bien plus d'importance que les publics juvéniles, qui, même littéraires, n'ont jamais exercé d'influence sérieuse. En revanche, les publics séniles conduisent le monde des affaires où les foules séniles n'ont aucune part. Par cette *gérontocratie* inaperçue, il s'établit un contrepoids salutaire à *l'éphébocratie* des foules électorales où domine l'élément jeune qui n'a pas encore eu le temps de se dégoûter du droit de suffrage... Les foules séniles sont d'ailleurs extrêmement rares. On pourrait citer quelques conciles tumultueux de vieux évêques dans la primitive Église, ou quelque séances orageuses de Sénats anciens et modernes, comme exemple des excès où des vieillards réunis peuvent être entraînés, et de la juvénilité collective dont il leur arrive de faire preuve en se rassemblant. Il semble que la tendance de s'attrouper aille en grandissant de l'enfance à la pleine jeunesse, puis en décroissant de cet âge à la vieillesse. Il n'en est pas de même du penchant à s'agréger en corporation, lequel prend naissance au début de la jeunesse seulement et va en croissant jusqu'à la maturité et la vieillesse même.

On peut distinguer les foules d'après la couleur du temps, la saison, la latitude... Nous avons dit pourquoi cette distinction est inapplicable aux publics. L'action des agents physiques sur la formation et le développement d'un public est à peu près nulle, tandis qu'elle est souveraine sur la naissance et la conduite des foules. Les soleil est un des grands toniques des foules; les foules d'été sont bien plus fiévreuses que celles d'hiver. Peut-être, si Charles X avait attendu décembre ou janvier pour publier ses fameuses ordonnances, le résultat eût été autre. - Mais l'influence de la race, entendue au sens national du mot, sur le public n'est pas négligeable, pas plus que sur la foule, et les «emballements» caractéristiques du public français se ressentent de *la furia francese*.

Malgré tout, la distinction la plus importante à faire entre les divers publics, comme entre les diverses foules, est celle qui est tirée, de la nature de leur *but ou* de leur foi. Des personnes qui passent dans la rue, allant chacune à ses affaires, des paysans rassemblés dans un champ de foire, des promeneurs, ont beau former un amas très dense, ils ne sont qu'une cohue jusqu'au moment où une foi commune ou un but commun les émeut ou les meut ensemble. Dès qu'un spectacle nouveau concentre leurs regards et leurs esprits, qu'un danger imprévu, une indignation subite oriente leurs cœurs vers un même désir, ils commencent à s'agréger docilement, et ce premier degré de l'agrégat social, c'est la foule. - On peut dire de même : les lecteurs, même habituels, d'un journal, tant qu'ils ne lisent que les annonces et les informations pratiques se rapportant à leurs affaires privées, ne forment pas un public; et, si je pouvais croire que, comme on le prétend parfois, le journal-annonces est destiné à grandir aux dépens du journal-tribune, je me hâterais d'effacer tout ce que j'ai écrit plus haut sur les transformations sociales opérées par le journalisme. Mais il n'en est rien, même en Amérique [1]. Or, c'est du moment où les lecteurs d'une même feuille se laissent gagner par l'idée ou la passion qui l'a suscitée, qu'ils composent vraiment un public.

Nous devons donc classer, avant tout, les foules, et aussi bien le public, d'après la nature du but ou de la foi qui les anime. Mais d'abord, distinguons-les suivant que la part de la foi, de l'idée, ou bien celle du but, du désir, est prépondérante en eux. Il y a les foules croyantes et les foules désireuses, les publics croyants et les publics désireux; ou plutôt, - car chez les hommes rassemblés ou même unis de loin, tout, pensée ou désir, est vite poussé au dernier excès - il y a les foules ou les publics passionnés, despotiques. On n'a guère à choisir qu'entre ces deux catégories. Convenons pourtant que les publics sont moins outranciers que les foules, moins despotes ou moins dogmatiques, mais leur despotisme ou leur dogmatisme, s'il est moins aigu, est en revanche tout autrement tenace et chronique que celui des foules.

Croyantes ou désireuses, celles-ci diffèrent d'après la nature de la corporation ou de la secte à laquelle elles se rattachent, et la

---

1 Dans son bel ouvrage sur les *Principes de Sociologie*, l'Américain Giddings parle, incidemment, du rôle capital joué par les journaux dans la guerre de Sécession. Et, à ce propos, il combat l'opinion populaire suivant laquelle -la presse aurait désormais submergé toute influence individuelle sous le déluge quotidien de ses opinions *impersonnelles...*», La presse, dit-il, «a produit son maximum d'impression sur l'opinion publique lorsqu'elle a été le porte-voix d'une personnalité remarquable, un Garrisson, un Greeley. De plus, le public ne se rend pas bien compte que, dans les bureaux des journaux, *l'homme à idées*, ignoré du monde, est connu de ses camarades et imprime son individualité sur leur cerveau et leur ouvrage».

Gabriel Tarde

même distinction est applicable aux publics, qui, nous le savons, procèdent toujours des groupes sociaux organisés dont ils sont la transformation inorganique [1]. Mais occupons-nous un moment des foules seules. La foule, groupe amorphe, né en apparence par génération spontané, est toujours ameutée, en fait, par un corps social dont quelque membre lui sert de ferment et qui lui donne sa couleur [2]. Ainsi nous ne confondons pas avec les foules rurales et parentes rassemblées au moyen âge par le prestige d'une famille suzeraine et pour servir ses passions, les foules flagellantes du même temps qui, appelées par des prédications de moines, proclamaient leur foi le long des chemins. Nous ne confondrons pas avec les foules orantes et processionnelles que des membres du clergé conduisent à Lourdes, les foules révolutionnaires et hurlantes soulevées par un jacobin, ou les foules pitoyables et affamées de grévistes menées par un syndicat. Les foules rurales, plus difficiles à mettre en mouvement, sont plus redoutables une fois lancées; il n'y a nulle émeute parisienne dont les ravages se comparent à ceux d'une jacquerie. - Les foules religieuses sont les plus inoffensives de toutes; elles ne deviennent capables de crimes que lorsque la rencontre d'une foule dissidente et contre-manifestante offense leur intolérance, non pas supérieure mais seulement égale à celle d'une foule quelconque. Car les individus peuvent être libéraux et tolérants, chacun à part, mais, rassemblés, ils deviennent autoritaires et tyranniques. Cela tient à ce que les croyances s'exaltent par leur mutuel contact, et il n'est pas de conviction forte qui supporte d'être contredite. De là, par exemple, les massacres d'ariens par des catholiques et de catholiques par des ariens, qui ont ensanglanté au IVe siècle les rues d'Alexandrie. - Les foules politiques, urbaines pour la plupart, sont les plus passionnées et les plus furieuses : versatiles, par bonheur, passant de l'exécration à l'adoration, d'un accès de colère à un accès de gaîté, avec une facilité extrême. - Les foules économiques, industrielles, sont, comme les foules rurales, beaucoup plus homogènes que les autres, beaucoup plus unanimes et persistantes dans leurs vœux,

---

1 Nouvelle preuve que le lien organique et le lien social sont différents et que le progrès de celui-ci n'implique nullement le progrès de celui-là.
2 Il en est ainsi, même quand elle est, comme je l'ai dit plus haut, une excroissance d'un public, car le public lui-même est la transformation d'un groupe social organisé, parti, secte, corporation.

plus massives, plus fortes, mais moins portées, somme toute, au meurtre qu'aux destructions matérielles, dans l'exaspération de leur fureur.

Les foules esthétiques - qui sont, avec les foules religieuses, les seules foules croyantes à signaler - ont été négligées, je ne sais pourquoi. J'appelle ainsi celles que soulève une école ancienne ou nouvelle de littérature ou d'art pour ou contre une oeuvre dramatique, par exemple, ou musicale. Ces foules-là sont peut-être les plus intolérantes, précisément à cause de ce qu'il y a d'arbitraire et de subjectif dans les jugements du goût qu'elles proclament. Elles éprouvent d'autant plus impérieusement le besoin de voir se répandre et se propager leur enthousiasme pour tel ou tel artiste, pour Victor Hugo, pour Wagner, pour Zola, ou, à l'inverse, leur horreur de Zola, de Wagner, de Victor Hugo, que cette propagation de la foi artistique est à peu près la seule justification dont elle soit susceptible. Aussi, quand elles se trouvent en face de contradicteurs qui eux-mêmes s'attroupent, leur colère peut à l'occasion devenir sanguinaire. Le sang n'a-t-il pas coulé, au XVIIIe siècle, dans les luttes entre partisans et adversaires de la musique italienne ?

Mais, si diverses qu'elles soient par leur origine, comme par tous leurs autres caractères, les foules se ressemblent toutes par certains traits : leur intolérance prodigieuse, leur orgueil grotesque, leur susceptibilité née de l'illusion de leur toute-puissance, et la perte totale du sentiment mutuellement exaltées. Entre l'exécration et l'adoration, entre l'horreur et l'enthousiasme, entre les cris *vive* et *à mort*, il n'y a pas de milieu pour une foule. *Vive*, cela signifie *vive à jamais*. Il y a là un souhait d'immortalité divine, un commencement d'apothéose. Il suffit d'un rien pour changer la divinisation en damnation éternelle.

Or, il semblerait que beaucoup de ces distinctions et de ces considérations peuvent être appliquées aux publics divers, à cela près que les traits signalés y sont moins marqués. Les publics comme les foules sont intolérants, orgueilleux, infatués, présomptueux, et, sous le nom *d'opinion, ils* entendent que tout leur cède, même la vérité quand elle les contrarie. N'est-il pas visible aussi que, à mesure

Gabriel Tarde

que l'esprit de groupe, l'esprit de public, sinon l'esprit de la foule, se développe dans nos sociétés contemporaines, par l'accélération des courants de la circulation mentale, le sentiment de la mesure s'y perd de plus en plus? On y surfait ou on y déprime les gens et les oeuvres avec la même précipitation. Les critiques littéraires eux-mêmes, se faisant l'écho complaisant de ces tendances de leurs lecteurs, ne savent presque plus nuancer ni mesurer leurs appréciations : eux aussi ils acclament ou ils *conspuent*. Combien nous sommes loin déjà des jugements miroitants d'un Sainte-Beuve! En cela les publics, comme les foules, rappellent quelque peu les alcooliques. Et, de fait, la vie collective intense est pour le cerveau un terrible alcool.

Mais les publics diffèrent des foules en ce que la proportion des publics de foi et d'idée l'emporte beaucoup, quelle que soit leur origine, sur celle des publics de passion et d'action, tandis que les foules croyantes et idéalistes sont peu de chose comparées aux foules passionnées et remuantes. Ce n'est pas seulement le public religieux ou le public esthétique, l'un né des églises, l'autre des écoles d'art, qui est mû par un *credo* et un idéal, c'est encore le public scientifique, le public philosophique, en leur multiples variétés, c'est même le public économique qui, en traduisant des appétits, les idéalise... Par la transfiguration de tous les groupes sociaux en public, donc, le monde va s'intellectualisant. Quant aux publics d'action, on pourrait croire qu'ils n'existent pas, à proprement parler, si l'on ne savait que, nés de partis politiques, ils imposent aux hommes d'État leurs ordres, soufflés par quelques publicistes-... En outre, comme elle est plus intelligente et plus éclairée, l'action des publics peut être et est souvent bien plus féconde que celle des foules [1].

---

1 Autre différence à noter. C'est toujours sous forme de polémiques de presse que le public manifeste son existence, et alors on assiste au combat de deux publics, qui se traduit si souvent par le duel de leurs publicistes. Mais il est extrêmement rare qu'il y ait des combats de deux foules, comme ces conflits de procession qui, d'après M. Larroumet, ont lieu quelquefois à Jérusalem. La foule se plaît à marcher et à se déployer seule, à étaler sa force et à l'appesantir sur le vaincu, vaincu sans combat. Ce qu'on voit quelquefois, c'est une troupe régulière aux prises avec une foule qui déguerpit si elle est plus faible, qui l'écrase et la massacre si elle est plus forte. On voit aussi, non pas deux foules, mais une seule foule bicéphale, le Parlement, se partager entre deux partis qui se combattent verbalement ou à coup de poing, comme à

Chapitre I : Le public et la foule

Il est facile de le prouver. Qu'elles soient formées principalement par la communion des croyances ou par celle des volontés, les foules peuvent présenter quatre manières d'être, qui marquent les divers degrés de leur passivité ou de leur activité. Elles sont ou *expectantes, ou attentives, ou manifestantes, ou agissantes.* Les publics présentent les mêmes diversités.

Les foules expectantes sont celles qui, réunies dans un théâtre avant le lever du rideau, ou autour d'une guillotine avant l'arrivée du condamné, attendent que le rideau se lève ou que le condamné arrive; ou bien celles qui, accourues au devant d'un roi, d'un impérial visiteur, d'un train qui doit apporter un homme populaire, tribun, général victorieux, attendent le cortège du souverain ou l'arrivée du train. La curiosité collective dans ces foules-là atteint des proportions inouïes, sans le moindre rapport avec son objet parfois insignifiant. Elle est plus intense encore et plus exagérée que dans les publics expectants, où elle s'élève pourtant si haut quand des millions de lecteurs surexcités par une affaire à sensation, sont dans l'attente d'un verdict, d'un arrêt, d'une nouvelle quelconque. Le moins curieux, le plus sérieux des hommes, s'il entre dans l'un de ces rassemblements fiévreux, se demande ce qui le retient là malgré ses occupations urgentes, quel besoin étrange il éprouve maintenant, comme tout le monde autour de lui, de voir passer les voitures d'un empereur ou le cheval noir d'un général. Remarquons au reste que les foules expectantes sont toujours beaucoup plus patientes que les individus en pareil cas. Pendant les fêtes franco-russes, des multitudes parisiennes stationnaient trois ou quatre heures, immobiles, pressées, sans signe aucun de mécontentement, sur le trajet que le cortège du tzar devait suivre. De temps en temps, une voiture quelconque était prise pour le commencement du cortège, mais, l'erreur reconnue, on se remettait à attendre sans que ces illusions et ces déceptions répétées aient jamais paru produire leur effet ordinaire d'exaspération. On sait aussi le temps indéfini que passent à attendre sous la pluie, la nuit même, les foules curieuses d'une grande revue militaire. A l'inverse, il arrive souvent, au théâtre, que le même public qui s'est tranquillement résigné à un retard abusif, tout à coup s'exaspère et ne peut plus souffrir un délai d'une minute. Pourquoi Vienne... et même à Paris.

Gabriel Tarde

la foule est elle ainsi toujours plus patiente ou plus impatiente que l'individu? Cela s'explique, dans les deux cas, par la même cause psychologique, la mutuelle contagion des sentiments parmi les individus rassemblés. Tant que nulle manifestation d'impatience, trépignement, huée, bruit de cannes ou de pieds, ne s'est produite dans un rassemblement - et il ne s'en produit guère, naturellement, quand cela ne servirait à rien, avant une exécution capitale ou une revue - chacun est impressionné par la vue de l'attitude résignée ou gaie de ses voisins, et reflète inconsciemment leur résignation ou leur gaieté. Mais si quelqu'un - quand cela peut servir à diminuer le retard, au théâtre par exemple -prend l'initiative de s'impatienter, il est bientôt imité de proche en proche, et l'impatience de chacun est redoublée par celles des autres. Les individus dans les foules sont à la fois parvenus au plus haut degré de mutuelle attraction morale et de mutuelle répulsion physique (antithèse qui n'existe pas pour les publics). il se repoussent des coudes, mais, en même temps, ils sont visiblement désireux de n'exprimer que des sentiments d'accord avec ceux de leurs voisins, et, dans les conversations qui parfois s'engagent entre eux, ils cherchent à se complaire sans distinction de rangs ni de classes.

Les foules attentives sont celles qui se pressent autour d'une chaire de prédicateur ou de professeur, d'une tribune, d'un tréteau, ou devant une scène où se joue un drame pathétique. Leur attention - et aussi bien leur inattention - est toujours plus forte et plus persévérante que ne le serait celle de chacun des individus qui les composent, s'il était seul. Un professeur m'a fait, au sujet des foules dont il s'agit, une remarque qui m'a paru juste. «Un auditoire de jeunes gens, m'a-t-il dit, à l'École de droit ou dans toute autre faculté, est toujours attentif et respectueux, quand il n'est pas nombreux ; mais si, au lieu d'être au nombre de vingt ou trente, ils sont une centaine, deux cents, trois cents, ils cessent souvent de respecter et d'écouter leur professeur, et le tapage est fréquent alors. Divisez en quatre groupes, de vingt-cinq chacun, cent étudiants frondeurs et turbulents, vous aurez quatre auditoires pleins d'attention et de respect». - C'est que l'orgueilleux sentiment de leur nombre enivre les hommes rassemblés et leur fait mépriser l'homme isolé qui leur parle, à moins que celui-ci ne parvienne à les éblouir et à les «charmer». Mais il faut ajouter que, lorsqu'un auditoire très nombreux s'est laissé Capter par l'orateur il est d'autant plus respectueux et attentif qu'il est plus vaste.

Autre remarque. Dans les foules fascinées par un spectacle ou un discours, un petit nombre seulement de spectateurs et d'auditeurs entendent très bien, beaucoup ne voient ou n'entendent qu'à demi ou presque pas, et cependant, si mal placés qu'ils soient, si cher que leur coûte leur place, ils sont satisfaits et ne regrettent ni leur temps ni leur argent. Ces gens-là, par exemple, ont attendu deux heures l'arrivée du tsar, qui passe enfin. Mais, massés derrière plusieurs rangs de personnes, ils n'ont rien vu; pour tout agrément, ils ont pu entendre un bruit de voitures plus ou moins expressif, plus ou moins trompeur. Pourtant, rentrés chez eux, ils ont raconté ce spectacle, de très bonne foi, comme s'ils en avaient été témoins, car, en réalité, ils l'avaient vu par les yeux d'autrui. On les aurait beaucoup étonnés en leur disant que le provincial qui, à deux cents lieues de Paris, regardait dans son journal illustré une photographie instantanée du passage impérial, en avait été plus vraiment spectateur qu'eux-mêmes. Pourquoi sont-ils convaincus du contraire ? Parce que, à vrai dire, c'est la foule surtout, dans ces occasions, qui se sert de spectacle à elle-même. La foule attire et admire la foule.

Entre les foules plus ou moins passives dont nous venons de parler, et les foules actives, les foules manifestantes tiennent le milieu. Qu'elles manifestent leur conviction ou leur passion amoureuse ou haineuse, joyeuse ou triste, c'est toujours avec l'outrance qui leur est propre. On peut noter en elles deux caractères qui ont quelque chose de féminin : un symbolisme remarquablement expressif, uni à une grande pauvreté d'imagination dans l'invention de ces symboles toujours les mêmes et répétés à satiété. Promener en procession des bannières et des drapeaux, des statues, des reliques, parfois des têtes coupées au bout d'une pique, faire entendre des *vivat ou* des vociférations, des cantiques ou des chansons : c'est à peu près tout ce qu'elles ont su inventer pour l'expression de leurs sentiments. Mais, si elles ont peu d'idées, elles y tiennent beaucoup et elles ne se lassent pas de proférer les mêmes cris, de recommencer la même promenade. - Les publics, eux aussi, parvenus à un certain point d'excitation, deviennent manifestants. Ils ne le sont point seulement d'une manière indirecte, par les foules qui naissent d'eux, mais avant tout, et directement, par l'influence entraînante qu'ils font subir à ceux mêmes qui les ont mis en mouvement et qui ne peuvent plus les retenir, par les torrents de lyrisme ou d'injures, d'adulation ou de diffamation, de délire utopique et de fureur sanguinaire, qu'ils font couler de la plume de leurs publicistes obéissants, de maîtres devenus serfs. Aussi leurs manifestations sont-elles bien plus variées et plus dangereuses que celles des foules, et il faut déplorer le génie inventif qui se dépense, dans certains jours, en mensonges ingénieux, en fables spécieuses, sans cesse démenties, sans cesse renaissantes, pour le simple plaisir de servir à chaque public le mets qu'il désire, d'exprimer ce qu'il croit vrai ou ce qu'il *veut* être vrai.

Arrivons aux foules agissantes. Mais qu'est-ce que les foules peuvent bien faire ? je vois ce qu'elles peuvent défaire, détruire, mais que peuvent-elles produire avec l'incohérence essentielle et l'incoordination de leurs efforts ? Les corporations, les sectes, les associations organisées sont productrices aussi bien que destructrices. Les *frères pontifes,* au moyen âge, construisaient des ponts, les moines d'occident ont défriché des régions, fondé des villes; les jésuites ont fait, au Paraguay, le plus curieux essai de vie phalanstérienne qui ait encore été tenté avec succès : des corporations de maçons ont édifié la plupart de nos cathédrales. Mais peut-on citer une maison bâtie par une foule, une terre défrichée et labourée par une foule, une industrie quelconque créée par une foule? Pour quelques maigres arbres de la Liberté qu'elles ont plantés, combien de forêts incendiées, d'hôtels pillés, de châteaux démolis par elles ! Pour un prisonnier populaire qu'elles ont parfois délivré, combien de lynchages, combien de prisons forcées par des multitudes américaines, ou révolutionnaires, pour massacrer des prisonniers haïs, enviés ou redoutés!

On peut distinguer les foules d'action en foules d'amour et foules de haine. Mais à quelle oeuvre vraiment féconde les foules amoureuses emploient-elles leur activité? On ne sait ce qu'il y a de plus désastreux, des haines ou des amours, des-exécrations ou des enthousiasmes de la foule. Quand elle hurle, en proie à un délire cannibale, elle est horrible, c'est vrai; mais quand elle se rue, adoratrice, aux pieds d'une de ses idoles humaines, qu'elle détèle sa voiture, la hisse sur le pavoi [1] de ses épaules, c'est le plus souvent un demi-fou comme Masaniello, une bête fauve comme Marat, un général charlatanesque tel que Boulanger, qui est l'objet de son adoration, mère des dictatures et des tyrannies. Même quand elle entoure d'ovations délirantes un héros naissant tel que Bonaparte revenant d'Italie elle ne peut que préparer ses désastres par l'excès d'orgueil qu'elle suscite en lui et qui fait crever son génie en démence. Mais c'est pour un Marat surtout qu'elle déploie tout son enthousiasme. L'apothéose de ce monstre, le culte rendu à son «cœur sacré» exposé au Panthéon, est un éclatant spécimen de la puissance de mutuel aveuglement, de mutuelle hallucination, dont les hommes rassemblés sont capables. Dans cet entraînement irrésistible, la lâcheté a eu sa part, mais bien faible, en somme, et comme noyée dans la sincérité générale.

Mais, je me hâte de le dire, il y a une variété des foules d'amour, très répandue, qui joue un rôle social des plus nécessaires et des plus salutaires, et sert de contrepoids à tout le mal accompli par toutes les autres espèces de rassemblements. je veux parler de la foule de fête, de la foule de joie, de la foule amoureuse d'elle-même, ivre uniquement du plaisir de se rassembler pour se rassembler. Ici, je rature avec empressement ce qu'il y a de matérialiste et d'étroit dans ce que j'ai dit plus haut du caractère improductif des foules. Certes, toute production ne consiste pas à bâtir des maisons, à fabriquer des meubles, des vêtements ou des aliments; et la paix sociale, l'union sociale, entretenue par les fêtes populaires, par les frairies, par les réjouissances périodiques de tout un village ou de toute une ville, où toute dissidence s'efface momentanément dans la communion d'un même désir, le désir de se voir, de se coudoyer, de sympathiser, cette paix, cette union sont des produits non moins précieux que tous les fruits de la terre, que tous les articles de l'industrie. Même les fêtes de la Fédération, en 1790, si courte embellie entre deux cyclones, ont eu une vertu passagère de pacification. Ajoutons que l'enthousiasme patriotique - autre

1 Tel quel dans le livre [JMT]

Gabriel Tarde

variété d'amour et d'amour de soi, du soi collectif, national – a aussi souvent inspiré généreusement les foules, et, s'il ne leur a jamais fait gagner de batailles, il a eu parfois pour effet de rendre invincible l'élan des armées exaltées par elles.

Oublierai-je, enfin, après les foules de fête, les foules de deuil, celles qui suivent, sous l'oppression d'une commune douleur, le convoi d'un ami, d'un grand poète, d'un héros national? Celles-là, pareillement, sont d'énergiques stimulants de la vie sociale; et, par ces tristesses comme par ces joies ressenties ensemble, un peuple s'exerce à former un seul faisceau de toutes les volontés.

En somme les foules sont loin de mériter dans leur ensemble le mal qu'on en a dit et que j'en ai pu dire moi-même à l'occasion. Si l'on met en balance l'œuvre quotidienne et universelle des foules d'amour, surtout des foules de fêtes, avec l'œuvre intermittente et localisée des foules de haine, on devra reconnaître en toute impartialité, que les premières ont beaucoup plus contribué à tisser ou resserrer les liens sociaux que les secondes à déchirer par endroits ce tissu. Qu'on suppose un pays où il n'y ait jamais d'émeute ou de soulèvement haineux d'aucun genre, mais où, en même temps, les fêtes publiques, les manifestations joyeuses de la rue, les enthousiasmes populaires, soient inconnus : ce pays insipide et incolore sera assurément bien moins imprégné du sentiment profond de sa nationalité que le pays le plus agité du monde par des troubles politiques, par des massacres même, mais qui, dans l'intervalle de ces délires, tel que Florence au moyen âge, a gardé l'habitude traditionnelle des grandes expansions religieuses ou profanes, d'allégresse en commun, jeux, processions, scènes carnavalesques. Les foules, donc, les rassemblements, les coudoiements, les entraînements réciproques des hommes, sont beaucoup plus utiles que nuisibles au déploiement de la sociabilité. Mais ici, comme partout, *ce qui se voit* empêche de songer à *ce qui ne se voit pas*. De là, sans doute, la sévérité habituelle du sociologue pour les foules. Les bons effets des foules d'amour et de joie se cachent dans les replis du cœur, où longtemps après la fête, subsiste un surcroît de disposition sympathique et conciliante qui se traduit sous mille formes inaperçues dans les gestes, dans les paroles, dans les rapports de la vie journalière. Au contraire, l'œuvre anti-sociale des foules de haine frappe tous les yeux, et le spectacle des destructions criminelles qu'elles ont opérées leur survit longtemps pour faire exécrer leur mémoire.

Puis-je maintenant parler des *publics agissants* sans abuser des métaphores? Le public, cette foule dispersée, n'est-il pas essentiellement passif? En réalité, quand il est monté à un certain ton d'exaltation, dont ses publicistes sont avertis par leur habitude quotidienne de *l'ausculter*, il agit par eux, comme il manifeste par eux, s'impose aux hommes d'État qui deviennent ses exécuteurs. C'est ce qu'on nomme la puissance de l'opinion. Il est vrai qu'elle atteste surtout celle de ses conducteurs qui l'ont mise en mouvement; mais, une fois soulevée, elle les entraîne dans des voies qu'ils n'ont pas prévues. Ainsi, cette action des publics est, avant tout, une réaction, formidable parfois, contre leur publiciste qui subit leur poussée provoquée par ses excitations. Cette action est, d'ailleurs, toute spirituelle comme la réalité même du public. Comme celle des foules, elle est inspirée par l'amour et par la haine; mais, à la différence de celle des foules, elle a souvent, quand l'amour l'inspire, une efficacité de production directe, parce qu'elle est plus réfléchie et plus calculée, même dans ses violences. Le bien qu'elle opère ne se borne pas à l'exercice journalier de la sympathie sociale des individus, excitée par les sensations quotidiennement renouvelées de leur contact spirituel. Elle a suscité quelques bonnes lois de mutuelle assistance et de pitié. Si les joies et les deuils du public n'ont rien de périodique et de réglé par la tradition, ils ne possèdent pas moins que les fêtes de la foule le don d'apaiser les luttes et de pacifier les cœurs, et il faut bénir la presse frivole, je ne dis pas pornographique, quand elle entretient le public en une bonne humeur à peu près constante, favorable à la paix. Quant aux publics de haine, nous les connaissons aussi, et le mal qu'ils font ou qu'ils font faire, est bien supérieur aux ravages exercés par les foules furieuses. Le public est une foule beaucoup moins aveugle et beaucoup plus durable, dont la rage plus perspicace s'amassa et se soutient pendant des mois et des années.

Aussi suis-je surpris que, après avoir tant parlé des crimes de la foule, on n'ait rien dit des crimes du public. Car il y a assurément des publics criminels, féroces, altérés de sang, comme il y a des foules criminelles : et, si la criminalité des premiers est moins apparente que celle des secondes, combien est-elle plus réelle, plus raffinée, plus profonde, moins excusable! Mais d'ordinaire on n'a pris garde qu'aux crimes et délits commis envers le public, aux mensonges, aux abus de confiance, aux véritables escroqueries sur une échelle immense dont il est si souvent victime de la part de ses inspirateurs. On doit parler de même des crimes et des délits commis envers la foule, et qui ne sont pas moins odieux ni peut-être moins fréquents. On ment aux assemblées électorales, on escroque leurs votes avec des promesses fallacieuses, avec des engagements solennels qu'on est décidé à ne pas tenir, avec des calomnies diffamatoires qu'on invente. Et il est plus facile de tromper les foules que les publics, car l'orateur qui les abuse n'a pas le plus souvent de contradicteur, tandis que les divers journaux se servent à chaque instant d'antidote les uns aux autres. Quoi qu'il en soit, de ce que le public peut être la victime d'un véritable crime, s'ensuit-il qu'il ne puisse être lui-même criminel?

Puisqu'il vient d'être question des abus de confiance dont le public est l'objet, ouvrons une parenthèse pour remarquer combien la notion tout individualiste du *lien de droit,* tel que les juristes l'ont toujours compris jusqu'ici, est insuffisante et demande à être remaniée pour répondre aux changements sociaux que la naissance et la croissance des publics ont produits dans nos usages et nos mœurs. Pour qu'il y ait *lien de droit* par l'effet d'une promesse, il faut, d'après les idées admises jusqu'ici, qu'elle ait été acceptée par celui ou ceux auxquels elle s'adresse, ce qui suppose une relation *personnelle* entre eux. Cela était bon avant l'imprimerie, quand la promesse humaine ne portait guère plus loin que la voix humaine, et que, vu les limites étroites du groupe social avec lequel on était en rapports d'affaires, le client étant toujours personnellement connu du fournisseur, le donataire du donateur, le débiteur du créancier, le contrat synallagmatique pouvait passer pour la forme éminente et presque exclusive de l'obligation. Mais, depuis les progrès de la Presse, c'est de moins en moins avec des personnes déterminées, c'est de plus en plus avec des collectivités auxquelles on s'adresse par le journal, qu'on est en relations de tout genre qu'on s'engage commercialement par des réclames, politiquement par des programmes. Le malheur est que ces engagements-là, même les plus solennels, sont de simples *volontés unilatérales*, non nouées par la réciprocité de volontés simultanées, de simples promesses non acceptées ni susceptibles d'acceptation, et, comme telles, dépourvues de toute sanction juridique [1]. Rien de plus propre à favoriser ce qu'on pourra appeler le brigandage social. Encore peut-on dire, quand il s'agit d'une promesse faite à une foule, qu'il est difficile de la sanctionner juridiquement, à raison du caractère essentiellement passager de la foule, qui n'est assemblée qu'un instant et ne se retrouve jamais la même. On m'a cité tel candidat à la députation qui, devant quatre mille personnes, avait juré de se retirer au second tour de scrutin devant son concurrent républicain s'il avait obtenu moins de voix que lui. Il eut moins de voix, en effet, mais il ne se retira point, et il fut élu. Voilà qui peut encourager les charlatans politiques. Et je veux bien qu'ici l'on refuse de consacrer en droit l'effet de cette promesse pour cette raison que, une fois la foule dissipée, il n'est plus personne, même en ayant fait partie, qui puisse prétendre à la représenter, à agir en son nom. Mais le public est permanent, et je ne vois pas pourquoi, après qu'une information volontairement trompeuse a été publiée pour vraie, les lecteurs confiants qui ont été conduits à quelque spéculation malheureuse, à quelque désastre financier, par ce mensonge artificieux, intéressé, vénal, n'auraient pas le droit de citer en justice le publiciste fripon qui les a dupés, pour lui faire rendre gorge. Peut-être alors le caractère public d'un mensonge, au lieu d'être une circonstance atténuante ou absolutoire, comme maintenant, serait-il regardé comme une aggravation d'autant plus forte que le public trompé aurait été plus nombreux [2]. Il est inconcevable que tel écrivain, qui se ferait scrupule de mentir dans la vie privée, mente impudemment, de gaieté de cœur, à cent mille, à cinq cent mille personnes qui le lisent; et que beaucoup de gens sachent cela et qu'ils continuent à le tenir pour un honnête homme.

---

1 Voy. à ce sujet nos *Transformations du droit*, p. 116 et 307, ainsi que la thèse de M. René Worms, sur la *Volonté unilatérale*.

2 Car il en est des publics comme des assemblées qui sont d'autant plus aisées à tromper qu'elles sont plus nombreuses, comme les prestidigitateurs le savent à merveille.

Gabriel Tarde

Mais laissons là cette question de droit, et revenons aux crimes et délits du public. Qu'il y ait des publics fous, cela n'est pas douteux; tel était, à coup sûr, le public athénien quand il forçait son gouvernement, il y a quelques années, à déclarer la guerre à la Turquie.

Qu'il y ait des publics délinquants, cela n'est pas moins certain : n'est-il pas des ministères, qui, sous la pression du public, d'une presse dominante, ont dû - ne voulant pas tomber honorablement - proposer et faire voter des lois de persécution et de spoliation contre telle ou telle catégorie de citoyens? Certes, les crimes des publics ont moins de couleur et d'atrocité apparente que les crimes des foules. Ils diffèrent de ceux-ci par quatre caractères : 1 - ils sont moins repoussants ; 2 - ils sont moins vindicatifs et plus intéressés, moins violents et plus astucieux ; 3 -ils sont plus largement et plus durablement oppressifs ; 4 - enfin, ils sont encore plus assurés de l'impunité.

Veut-on un exemple typique des crimes des foules? La *Révolution* de Taine en fournit autant et plus qu'on en peut désirer. En septembre 1789, à Troyes, une légende se forme contre Huez, le maire : il est un *accapareur, il veut faire manger du foin au peuple.* Huez est un homme connu par sa bienfaisance, il a rendu de grands services à la ville. N'importe. Le 9 septembre, trois voitures de farine s'étant trouvées mauvaises, le peuple s'amasse et crie : «À bas le maire! Mort au maire!» Huez, sortant de son tribunal, est renversé, meurtri à coups de pied et de poing, frappé à la tête d'un coup de sabot. Une femme se jette sur le vieillard terrassé, lui foule la figure avec les pieds, lui enfonce des ciseaux dans les yeux à plusieurs reprises. Il est traîné, la corde au cou, jusqu'au pont, lancé dans le gué voisin, puis tiré, traîné de nouveau par les rues dans les ruisseaux, *«avec un morceau de foin dans la bouche».* Suivent des pillages et des démolitions de maisons, et, chez un notaire, plus de six cents bouteilles sont bues ou emportées [1] «.

Ces assassinats collectifs ne sont pas, on le voit, inspirés par

---

[1] *Révolution,* t. I, p. 88. A la même époque, la foule a fait pis à Caen : le major de Belsunce a été dépecé, comme La Pérouse aux îles Fidji, et une femme a mangé son cœur.

la cupidité, comme ceux de nos escarpes ou comme ceux des publics révolutionnaires qui faisaient, à la même époque, par la voix de leurs journaux, par leurs représentants terrorisés, dresser des listes de proscription ou voter des lois de confiscation pour prendre les dépouilles de leurs victimes. Non, ils sont inspirés par la vengeance, comme les assassinats familiaux des clans barbares, par le besoin de châtier des forfaits réels ou imaginaires, comme les lynchages américains. En tout temps et en tout pays, la foule homicide ou pillarde se croit justicière, et la justice sommaire qu'elle rend rappelle singulièrement, par la nature vindicative des pénalités, par leur cruauté inouïe, par leur symbolisme même - comme le montre le morceau de foin dans la bouche de Huez - la justice des temps primitifs.

À vrai dire, peut-on appeler criminelle une foule affolée par la persuasion qu'on la trahit, qu'on l'affame, qu'on veut l'exterminer? Il n'y a de criminel ici, en général, que l'instigateur ou le groupe des instigateurs, l'auteur ou les auteurs des calomnies meurtrières. La grande excuse des foules, dans leurs pires excès, c'est leur prodigieuse crédulité, qui rappelle celle de l'hypnotisé. Celle du public est beaucoup moindre, et sa responsabilité est d'autant plus grande. Les hommes rassemblés sont bien plus crédules que chacun d'eux pris à part; car le fait seul de leur attention concentrée sur un seul objet, en une sorte de *monoïdéisme* collectif, les rapproche de l'état de rêve ou d'hypnose, où le champ de la conscience, singulièrement rétréci, est envahi en entier par la première idée qui s'offre à elle. En sorte qu'alors toute assertion émise d'une voix décidée et forte porte pour ainsi dire sa preuve avec soi. Pendant la guerre de 1870, après nos premiers désastres, le bruit circule, dans beaucoup de campagnes, que certains grands propriétaires ou certains prêtres envoyaient des sommes énormes aux Prussiens : cent, deux cent mille francs. Cela a été dit de gens très honorables à la fois et très endettés qui auraient été bien embarrassés pour se procurer la dixième partie de cet argent. Quelques-uns avaient leurs fils sous les drapeaux.

Or ces fables homicides n'auraient guère trouvé de crédit parmi les paysans, tant qu'ils vivaient dispersés dans les champs; mais,

Gabriel Tarde

rassemblés dans les foires ou les marchés, ils devinrent tout à coup crédules à ces odieuses inepties; et le crime d'Hautefaye en fut le sanglant témoignage.

Les foules ne sont pas seulement crédules, elles sont folles. Plusieurs des caractères que nous avons notés en elles leur sont communs avec les pensionnaires de nos asiles : hypertrophie d'orgueil, intolérance, immodération en tout. Elles vont toujours, comme les fous, aux deux pôles extrêmes de l'excitation et de la dépression, tantôt héroïquement furieuses, tantôt anéanties de panique. Elles ont de vraies hallucinations collectives : les hommes réunis croient voir ou entendre des choses qu'isolément ils ne voient ni n'entendent plus. Et, quand elles se croient poursuivies par des ennemis imaginaires, leur foi est fondée sur des raisonnements d'aliénés. Nous en trouvons un bel exemple dans Taine. Vers la fin de juillet 1789, sous le coup de la commotion nationale qui avait suscité partout, dans les rues, sur les places publiques, des rassemblements fiévreux, un bruit se répand de proche en proche et a bientôt envahi toute la région de l'Angoumois, du Périgord, de l'Auvergne : dix mille, vingt mille brigands arrivent; on les a vus, voici là-bas à l'horizon la poussière qu'ils soulèvent, ils viennent tout massacrer. «Là-dessus de paroisses entières se sauvent la nuit dans les bois, abandonnant leur maison, emportant leurs meubles.» Puis, l'évidence se fait jour. Elles rentrent dans leurs bourgs. Mais alors elles se livrent à un raisonnement qui est tout à fait celui des persécutés délirants lesquels, parce qu'ils constatent en eux un sentiment d'angoisse d'origine morbide, imaginent des ennemis pour le justifier. «Puisqu'on s'est levé, se disent ces populations, c'est qu'il y avait du péril, et, *si le péril ne vient pas des brigands, il vient d'ailleurs*», d'ailleurs, c'est-à-dire de conspirateurs supposés. Et de là, des persécutions trop réelles.

Est-ce à dire que les crimes collectifs n'existent que de nom? Et n'y aurait-il à considérer que les crimes individuels de meneurs ? Ce serait aller trop loin, et pousser à bout la vérité toute relative des considérations qui précèdent. Quand la foule, dans un cirque romain, ordonnait par un signe, pour son plaisir, la mort du gladiateur vaincu, n'était-elle pas férocement homicide, malgré les circonstances atténuantes tirées de la coutume héréditaire? Il y a, d'ailleurs, des foules criminelles-nées et non devenues telles par accident, des foules aussi criminelles que les meneurs qu'elles ont choisis parce qu'ils leur ressemblaient : ce sont les foules composées de malfaiteurs qu'une affinité secrète a groupés ensemble et dont la perversité s'est exaltée par ce groupement. Exaltée à tel point qu'elles sont moins criminelles, à vrai dire, *qu'aliénées criminelles,* pour appliquer à la criminalité collective une expression empruntée à la criminalité individuelle. L'aliéné *criminel, ce* fou dangereux et repoussant, qui tue ou viole par impulsion morbide, mais dont la morbidité est moins la déviation que l'exagération des tendances de son caractère normal, de sa nature fausse, égoïste et méchante, se réalise en grand sous forme collective quand, dans les temps de trouble, les échappés du bagne se livrent à des orgies sanguinaires.

Combien tout cela nous éloigne des crimes du public! Le public, quand il est criminel, l'est par intérêt de parti plus que par vengeance, par lâcheté plus que par cruauté; il est terroriste par peur, non par accès de colère. Il est capable surtout de complaisance criminelle envers ses chefs, de *manutengolisme, comme* disent les Italiens. Mais à quoi bon s'occuper de ses crimes à lui, puisqu'il est l'opinion, et que, encore une fois, l'opinion est souveraine, irresponsable comme telle! C'est surtout quand ils sont tentés et non consommés, qu'ils peuvent être poursuivis : encore ne peuvent-ils l'être que contre les publicistes qui les ont inspirés ou contre le meneurs des foules qui, nées du public, se sont livrées à ces tentatives. Quant au public même, il reste dans l'ombre, insaisissable, attendant l'heure de recommencer. Le plus souvent, quand une foule commet des crimes, - à commencer par les parlements, foules à demi corporatives, qui se sont montrés les complices de tant de despotes, - il y a derrière elle un public qui la meut. Est-ce que le public électoral qui a nommé des députés sectaires et fanatiques n'est pour rien dans leurs forfaits, dans leurs attentats contre les libertés, les biens, la vie des citoyens? Est-ce que, fréquemment, il ne les a pas réélus et n'a pas endossé ainsi leur forfaiture? Il n'y a pas que le public électoral qui ait été complice de criminels. Le public même non électoral, purement passif en apparence, en réalité agit par ceux qui cherchent à le flatter, à le capter. C'est presque toujours de complicité avec un public scélérat, dès l'époque où le public commençait à naître, que les plus grands crimes historiques ont été commis : la Saint-Barthélémy peut-être, certainement les persécutions contre les protestants sous Louis XIV, et tant d'autres! Les massacres de Septembre ont eu l'approbation enthousiaste d'un certain public, et, sans l'existence, sans les provocations de ce public, il n'auraient pas eu lieu. - À un étage inférieur du délit, les fraudes électorales, telles qu'elles se pratiquent couramment, et abondamment dans certaines villes, ne sont-elles pas des délits de groupes, accomplis avec la complicité plus ou moins consciente de tout un public? - Règle générale, ou à peu près : derrière les foules criminelles il y a des publics plus criminels encore, et, à la tête de ceux-ci, des publicistes qui le sont encore plus.

La force des publicistes tient avant tout à la connaissance instinctive qu'ils possèdent de la psychologie du public. Ils savent ses goûts et ses dégoûts; qu'on peut, par exemple, se permettre avec lui, impunément, une hardiesse de peintures pornographiques que la foule ne supporterait pas : il y a, dans les foules théâtrales, une pudeur collective opposée aux cynismes individuels des gens dont elles se composent [1], et cette pudeur fait défaut au public spécial de certains journaux. On peut dire même qu'il y a pour ce public-là une impudeur collective composée de pudeurs relatives. Mais, public ou foule, toutes les collectivités se ressemblent en un point, par malheur : c'est leur déplorable penchant à subir les excitations de l'envie et de la haine. Pour les foules, le besoin de haïr répond au besoin d'agir. Exciter leur enthousiasme ne mène pas loin; mais leur offrir un motif et un objet de haine, c'est donner carrière à leur activité, qui, comme nous le savons, est essentiellement destructive, en tant qu'elle s'exprime par des actes précis : de là le succès des listes de proscription dans les émeutes. Ce que réclament les foules en colère, c'est une tête ou des têtes. L'activité du public

---

1 La foule présente aussi parfois une honnêteté collective faite d'improbités rassemblées. En 1720, après une fièvre de spéculations financières, le Parlement anglais, «dont presque tous les membres individuellement avaient pris part à cette débauche d'agiotage, la flétrit comme corps et ordonna des poursuites contre ses promoteurs pour avoir corrompu des personnages publics». (Claudio Jannet, le Capital.)

Chapitre I : Le public et la foule

est heureusement moins simpliste, et elle se tourne vers un idéal de réformes ou d'utopies aussi facilement que vers des idées d'ostracisme, de persécution, de spoliation. Mais en s'adressant à sa malignité native, ses inspirateurs ne le conduisent que trop aisément lui-même aux fins de leur méchanceté. Découvrir ou inventer un nouvel et grand objet de haine à l'usage du public, c'est encore un des plus sûrs moyens de devenir un des rois du journalisme. En aucun pays, en aucun temps, l'apologétique n'a eu autant de succès que la diffamation.

Mais je ne voudrais pas finir sur cette réflexion pessimiste. J'incline à croire, malgré tout, que les profondes transformations sociales que nous devons à la presse se sont faites dans le sens de l'union et de la pacification finales. En se substituant ou en se superposant, comme nous l'avons vu, aux groupements plus anciens, les groupements nouveaux, toujours plus étendus et plus massifs, que nous appelons des publics, ne font pas seulement succéder le règne de la mode à celui de la coutume, l'innovation à la tradition; ils remplacent aussi les divisions nettes et persistantes entre les multiples variétés de l'association humaine avec leurs conflits sans fin, par une segmentation incomplète et variable, aux limites indistinctes, en voie de perpétuel renouvellement et de mutuelle pénétration. Telle me paraît être la conclusion de cette longue étude.

Mais j'ajoute que l'erreur serait profonde de faire honneur aux collectivités, même sous leur forme la plus spirituelle du progrès humain. Toute initiative féconde, en définitive, émane d'une pensée individuelle, indépendante et forte; et pour penser il faut s'isoler non seulement de la foule, comme le dit Lamartine, mais du public. C'est ce qu'oublient les grands louangeurs du peuple pris en masse, et ils ne s'aperçoivent pas d'une sorte de contradiction qui est impliquée dans leurs apologies. Car ils ne témoignent, en général, tant d'admiration pour les grandes œuvres soi-disant anonymes et collectives que pour exprimer leur mépris pour les génies individuels autres que le leur. Aussi est-il à remarquer que ces célèbres admirateurs des seules multitudes, contempteurs en même temps de tous les hommes en particulier, ont été des prodiges d'orgueil. Nul, plus que Wagner, si ce n'est Victor Hugo, après Châteaubriand peut-être et Rousseau, n'a professé la théorie suivant laquelle «le peuple est la force afficiente de l'œuvre d'art» et «l'individu isolé ne saurait rien inventer, mais peut seulement s'approprier une invention commune». Il en est de ces admirations collectives, qui ne coûtent rien à l'amour-propre de personne, comme des satires impersonnelles qui n'offensent personne parce qu'elles s'adressent à tout le monde indistinctement.

Le danger des démocraties nouvelles, c'est la difficulté croissante pour les hommes de pensée d'échapper à l'obsession de l'agitation fascinatrice. Il est malaisé de descendre en cloche à plongeur dans une mer très agitée. Les individualités dirigeantes que nos sociétés contemporaines mettent en relief sont de plus en plus les écrivains qui vivent avec elles en continuel contact; et l'action puissante qu'ils exercent, préférable assurément à l'aveuglement des foules acéphales, est déjà un démenti infligé à la théorie des masses créatrices. Mais ce n'est pas assez, et, comme il ne suffit pas de répandre partout une culture moyenne, et qu'il faut, avant tout porter toujours plus haut la haute culture, on peut, avec Summer Maine, se préoccuper déjà du sort qui sera fait dans l'avenir aux derniers *intellectuels,* dont les services à longue échéance ne frappent pas les yeux. Ce qui préserve les montagnes d'être rasées et transformées en terres labourables, en vignes ou en luzernes, par les populations montagnardes, ce n'est nullement le sentiment des services rendus par ces châteaux-d'eau naturels; c'est simplement la solidité de leurs pics, la dureté de leur substance, trop coûteuse à dynamiter. Ce qui préservera de la destruction et du nivellement démocratique les sommités intellectuelles et artistiques de l'humanité, ce ne sera pas, je le crains, la reconnaissance pour le bien que le monde leur doit, la juste estime du prix de leurs découvertes. Que sera-ce donc?... je voudrais croire que ce sera leur force de résistance. Gare à elles si elles viennent à se désagréger!

Chapitre II : L'opinion et la conversation

L'opinion

L'opinion est au public, dans les temps modernes, ce que l'âme est au corps, et l'étude de l'un nous conduit naturellement à l'autre. Objectera-t-on que, de tout temps, il y a eu une opinion publique, tandis que le public, dans le sens que nous avons précisé, est assez récent ? Cela est certain, mais nous allons voir bientôt à quoi se réduit la portée de cette objection. - Qu'est-ce que l'opinion ? Comment naît-elle ? Quelles sont ses sources diverses ? Comment s'exprime-t-elle, en grandissant et, en s'exprimant, grandit-elle, ainsi que le montrent ses modes d'expression contemporaine, le suffrage universel et le journalisme ? Quelle est sa fécondité et son importance sociale ? Comment se transforme-t-elle ? Et vers quelle commune embouchure, si embouchure il y a, convergent ses courants multiples ? À ces questions nous allons esquisser quelques réponses.

Disons d'abord que, dans ce mot *l'opinion,* on confond habituellement deux choses, qui sont mêlées en fait, il est vrai, mais qu'une bonne analyse doit distinguer : l'opinion proprement dite, ensemble des jugements, et la volonté générale, ensemble des désirs. C'est surtout, mais non exclusivement, de l'opinion entendue dans la première de ces deux acceptions, que nous nous occupons ici.

Si grande que soit l'importance de l'opinion, il ne faut pas, malgré ses débordements actuels, exagérer son rôle. Tâchons de circonscrire son domaine. Elle ne doit pas être confondue avec deux autres fractions de l'esprit social qui l'alimentent à la fois et la limitent, qui sont avec elle en perpétuelle dispute de frontières. L'une est la Tradition, extrait condensé et accumulé de ce qui fut l'opinion des morts, héritage de nécessaires et salutaires préjugés, onéreux souvent aux vivants. L'autre est ce que je me permettrai d'appeler, d'un nom collectif et abréviatif, la Raison. J'entends par là les jugements personnels, relativement rationnels, encore que souvent déraisonnables, d'une élite qui s'isole et pense et sort du courant populaire pour l'endiguer ou le diriger. Prêtres à l'origine, philosophes, savants, jurisconsultes, - conciles, universités, cours judiciaires, - sont tour à tour, ou en même temps, l'incarnation et cette raison résistante et directrice, qui se distingue nettement

Gabriel Tarde

et des entraînements passionnés et moutonniers des multitudes et des mobiles ou des principes séculaires déposés au fond de leur cœur. je voudrais pouvoir ajouter à cette énumération les Parlements, Chambres ou Sénats. Leurs membres ne sont-ils pas élus précisément pour délibérer dans une parfaite indépendance et servir de frein au train public ? Mais il y a loin de l'idéal à la réalité des choses.

Bien avant d'avoir une opinion générale et sentie comme telle, les individus qui composent une nation ont conscience d'avoir une tradition commune, et, sciemment, se soumettent aux décisions d'une raison jugée supérieure. Ainsi, de ces trois branches de l'esprit public, la dernière à se développer, mais aussi la plus prompte à grandir à partir d'un certain moment, est l'Opinion ; et elle grandit aux dépens des deux autres. Contre ses assauts intermittents nulle institution nationale qui résiste ; devant ses menaces ou ses sommations, nulle raison individuelle qui ne tremble et ne balbutie. À laquelle de ses deux rivales l'Opinion fait-elle le plus de mal ? Cela dépend de ses directeurs. Quand ils font partie de l'élite raisonnante, il leur arrive parfois de soulever l'Opinion comme un bélier pour battre en brèche le rempart traditionnel et l'élargir en le détruisant, ce qui n'est pas sans danger. Mais quand la direction de la foule est abandonnée aux premiers venus, il leur est plus facile, en s'appuyant sur la tradition, d'ameuter l'opinion contre la raison, qui cependant finit par triompher.

Tout irait pour le mieux si l'opinion se bornait à vulgariser la raison pour la consacrer en tradition. La raison d'aujourd'hui deviendrait de la sorte l'opinion de demain et la tradition d'après-demain. Mais, au lieu de servir de trait d'union entre ses voisines, l'Opinion aime à prendre parti dans leurs querelles, et tantôt, s'enivrant de doctrines nouvelles à la mode, saccage les idées ou les institutions coutumières avant de pouvoir les remplacer, tantôt, sous l'empire de la Coutume, expulse ou opprime les novateurs rationnels, ou les forces à revêtir la livrée traditionnelle, hypocrite déguisement.

Ces trois forces, autant que par leur nature, diffèrent par leurs causes et par leurs effets. Elles concourent ensemble, mais très inégalement, et très variablement, à former la valeur des choses ; et la valeur est tout autre suivant qu'elle est avant tout affaire de coutume ou affaire de mode ou affaire de raisonnement. Nous dirons plus loin que la conversation en tout temps, et à présent la source principale de la conversation, la presse, sont les grands facteurs de l'opinion, sans compter bien entendu, la tradition et la raison qui ne laissent jamais d'y avoir leur part et de la marquer à leur empreinte. Les facteurs [1] de la tradition, outre l'opinion elle-même, sont l'éducation familiale, l'apprentissage professionnel et l'enseignement scolaire, en ce qu'il a d'élémentaire, du moins. La raison dans tous les cénacles judiciaires, philosophiques, scientifiques, ecclésiastiques même, où elle s'élabore, a pour sources caractéristiques l'observation, l'expérience, l'enquête, ou, en tout cas, le raisonnement, la déduction fondée sur les textes.

Les luttes ou les alliances de ces trois forces, leurs froissements, leurs empiétements réciproques, leur mutuelle action, leurs relations multiples et variées, sont l'un des intérêts poignants de l'histoire. La vie sociale n'a rien de plus intestinal ni de plus fécond que ce long travail d'opposition et d'adaptation souvent sanglantes. La tradition, qui reste toujours nationale, est plus resserrée entre des limites fixes, mais infiniment plus profonde et plus stable que l'Opinion, chose légère et passagère comme le vent, et, comme lui, expansive, aspirant toujours à devenir internationale ainsi que la raison. On peut dire, en général, que la falaise de la tradition est rongée sans cesse par le débordement de l'Opinion, marée sans reflux. L'opinion est d'autant plus forte que la tradition l'est moins ce qui ne veut pas dire que la raison alors est moins forte aussi. Au moyen âge, la raison, représentée par les Universités, les Conciles et les Cours de justice, avait bien plus de force qu'aujourd'hui pour résister à l'opinion populaire et la refouler ; elle en avait beaucoup moins il est vrai, pour combattre et réformer la tradition. Le malheur est que ce n'est pas seulement contre la tradition, chose déjà bien grave, mais aussi contre la raison, raison judiciaire, raison scientifique, raison législative ou politique à l'occasion,

---

1 Ce mot *facteur* est d'ailleurs ambigu : il signifie *canal ou source*. Ici, il signifie *canal*. Car la conversation et l'éducation ne font que transmettre les idées dont l'opinion ou la tradition se composent. Les *sources* sont toujours des initiatives individuelles, petites ou grandes inventions.

Gabriel Tarde

que l'Opinion contemporaine est devenue toute-puissante. Si elle n'envahit pas les laboratoires des savants, - seul asile inviolable jusqu'ici, - elle déborde les prétoires, elle submerge les Parlements, et il n'est rien de si charmant que ce déluge dont rien ne fait prévoir la fin prochaine.

Après l'avoir circonscrite, essayons de la mieux définir.

L'Opinion, dirons-nous, est un groupe momentané et plus ou moins logique de jugements, qui répondant à des problèmes actuellement posés, se trouvent reproduits en nombreux exemplaires dans des personnes du même pays, du même temps, de la même société.

Toutes ces conditions sont essentielles. Il est essentiel aussi que chacune de ces personnes ait une conscience plus ou moins nette de la similitude des jugements qu'elle porte avec les jugements portés par autrui ; car, si chacune d'elles se croyait isolée dans son appréciation, aucune d'elles ne se sentirait et ne serait par là resserrée dans une association plus étroite avec ses pareilles, inconsciemment pareilles. Or, pour que la conscience de cette ressemblance d'idées existe parmi les membres d'une société, ne faut-il pas que cette ressemblance ait pour cause la manifestation par la parole par l'écriture ou par la presse, d'une idée individuelle au début, puis peu à peu généralisée ? La transformation d'une opinion individuelle en une opinion sociale, en «l'opinion», est due à la parole publique dans l'antiquité et au moyen âge, à la presse de nos jours, mais, dans tous les temps et avant tout, aux conversations privées dont nous allons parler bientôt.

On dit l'opinion, mais il y a toujours deux opinions en présence, à propos de chaque problème qui se pose. Seulement l'une des deux parvient assez vite à éclipser l'autre par rayonnement plus rapide et plus éclatant, ou bien parce que, quoique la moins répandue, elle est la plus bruyante [1].

1 Une opinion a beau être répandue, elle ne *manifeste* guère si elle est modérée; mais, si peu répandue que soit une opinion violente, elle *manifeste* beaucoup. Or, les «manifestations», expression à la fois très compréhensive et très claire, jouent un rôle immense dans la fusion et l'entre-pénétration des opinions de groupes divers et

Chapitre II : L'opinion et la conversation

À toutes les époques, même les plus barbares, il y a eu une opinion, mais elle différait profondément de ce que nous appelons ainsi. Dans le clan, dans la tribu, dans la cité antique même et dans la cité du moyen âge, tout le monde se connaissait personnellement, et quand, par les conversations privées ou les discours des orateurs, une idée commune s'établissait dans les esprits, elle n'y apparaissait pas comme une pierre tombée du ciel, d'origine impersonnelle et d'autant plus prestigieuse ; chacun se la représentait liée au timbre de voix, au visage, à la personnalité connue d'où elle lui venait et qui lui prêtaient une physionomie vivante. Pour la même raison, elle ne servait de lien qu'entre des gens qui, se voyant et parlant tous les jours, ne s'abusaient guère les uns sur les autres.

Aussi longtemps que l'étendue des États n'a pas dépassé les remparts de la cité ou tout au plus les frontières d'un petit canton, l'opinion ainsi formée, originale et forte, forte contre la tradition elle-même parfois, mais surtout contre la raison individuelle, a joué dans le gouvernement des hommes le rôle prépondérant du chœur dans la tragédie grecque, rôle que l'opinion moderne, de toute autre origine, tend à conquérir à son tour dans nos grands États ou dans nos immenses fédérations en voie de croissance. Mais, dans l'intervalle prodigieusement long qui sépare ces deux phases historiques, l'importance de l'opinion subit une dépression énorme, qui s'explique par son morcellement en opinions locales, sans trait d'union habituel entre elles et ignorantes les unes des autres.

Dans un État féodal, tel que l'Angleterre ou la France du moyen âge, chaque ville, chaque bourg avait ses dissensions intestines, sa politique à part, et les courants d'idées ou plutôt les tourbillons d'idées qui tournoyaient sur place dans ces lieux clos étaient aussi différents d'un lieu à l'autre qu'étrangers et indifférents les uns aux autres, du moins en temps ordinaire. Non seulement, dans ces localités, la politique locale était absorbante, mais dans la mesure, dans la faible mesure, où l'on s'intéressait à la politique nationale, on ne s'en occupait qu'entre soi, on ne se faisait qu'une vague idée

dans leur propagation. Par les manifestations, ce sont les opinions les plus violentes qui ont le plus tôt et le plus nettement conscience de leur existence, et par là leur expansion est favorisée étrangement.

Gabriel Tarde

de la manière dont les mêmes questions étaient résolues dans les villes voisines. Il n'y avait pas «l'opinion», mais des milliers d'opinions séparées, sans nul lien continuel entre elles.

Ce lien, le livre d'abord, le journal ensuite et avec bien plus d'efficacité, l'ont seuls fourni. La presse périodique a permis de former un agrégat secondaire et très supérieur dont les unités s'associent étroitement sans s'être jamais vues ni connues. De là, des différences importantes, et, entre autre, celles-ci : dans les groupes primaires, les voix *ponderantur* plutôt que *numerantur,* tandis que, dans le groupe secondaire et beaucoup plus vaste, où l'on se tient sans se voir, à l'aveugle, les voix ne peuvent être que comptées et non pesées. La presse, à son insu, a donc travaillé à créer la *puissance du nombre* et à amoindrir celle du caractère, sinon de l'intelligence.

Du même coup elle a supprimé les conditions qui rendaient possible le pouvoir absolu des gouvernants. Il était grandement favorisé, en effet, par le morcellement local de l'opinion. Bien plus, il y trouvait sa raison d'être et sa justification. Qu'est-ce qu'un pays dont les diverses régions, les villes, les bourgs ne sont pas reliés par une conscience collective de leur unité de vues ? Est-ce vraiment une nation ? Est-ce autre chose qu'une expression géographique ou tout au plus politique ? Oui, c'est une nation, mais en ce sens seulement que la soumission politique de ces diverses fractions d'un royaume à un même chef est déjà un commencement de nationalisation. Dans la France de Philippe le Bel, par exemple, à l'exception de quelques rares occasions où un danger commun mettait au premier plan de toutes les préoccupations, dans toutes les villes, dans tous les fiefs, le même sujet d'inquiétude générale, il n'y avait pas d'esprit *public, il* n'y avait que des esprits *locaux,* mus séparément par leur idée fixe ou leur passion fixe. Mais le roi, par ses fonctionnaires, avait connaissance de ces états d'âmes si divers, et, les rassemblant en lui, dans la connaissance sommaire qu'il en avait et qui servait de fondement à ses desseins, il les unifiait de la sorte.

Unification bien frêle, bien imparfaite, donnant au roi seul quelque vague conscience de ce qu'il y avait de général dans les préoccupations locales. Son moi était le seul champ de leur mutuelle pénétration. Quand les États généraux étaient réunis, un nouveau pas était fait vers cette nationalisation des opinions régionales et cantonales. Dans le cerveau de chaque député elles se rencontraient, se reconnaissaient semblables ou dissemblables, et le pays tout entier, les yeux tournés vers ses représentants, s'intéressant à leurs travaux dans une faible mesure, infiniment moins que de nos jours, donnait alors, par exception, le spectacle d'une nation consciente d'elle-même. Et bien vague aussi, bien lente et obscure, était cette conscience intermittente, exceptionnelle. Les séances des États n'était pas publiques. En tout cas, faute de presse, les discours n'étaient point publics, et, faute de postes même, les lettres ne pouvaient suppléer à cette absence des journaux. En somme, on savait, par des nouvelles plus ou moins dénaturées, colportées de bouche en bouche, après des semaines et des mois, par des voyageurs à pied ou à cheval, des moines vagabonds, des marchands, que les États s'étaient réunis et qu'ils s'étaient occupés de tel ou tel sujet, voilà tout.

Observons que les membres de ces assemblées, durant leurs courtes et rares réunions, formaient, eux aussi un groupe local, foyer d'une opinion locale intense, née de contagions d'homme à homme, de rapports personnels, d'influences réciproques. Et c'est grâce à ce groupe local supérieur, temporaire, électif, que les groupes locaux inférieurs, permanents, héréditaires, composés de parents ou d'amis traditionnels dans les bourgs et les fiefs, se sentaient unis en un faisceau passager.

Le développement des postes, en multipliant les correspondances publiques d'abord, privées ensuite, - le développement des routes, en multipliant les contacts nouveaux de personne à personne, - le développement des armées permanentes, en faisant se connaître et fraterniser sur les mêmes champs de bataille des soldats de toutes les provinces, - enfin le développement des cours, en appelant au centre monarchique de la nation l'élite de la noblesse de tous les points du sol, ont eu pour effet d'élaborer par degrés l'esprit public. Mais il était réservé à la machine à imprimer d'opérer pour la plus haute part cette grande œuvre. Il appartient à la presse, une fois parvenues à la phase du journal, de rendre national, européen, cosmique, n'importe quoi de local, qui, jadis, quel que fût son intérêt intrinsèque, serait demeuré inconnu au-delà d'un rayon borné.

Un «beau crime» est commis quelque part ; aussitôt la presse s'en empare et, pendant quelque temps, le public de France, d'Europe, du monde, ne s'occupe plus que de Gabrielle Bompard, de Prazini ou de l'affaire de Panama. L'affaire Lafarge, à propos d'un «uxoricide» commis crans le fond d'un château du Limousin, a été l'un des premiers débats judiciaires qui aient reçu de la presse périodique, déjà adulte ou adolescente à cette époque, une extension nationale. Il y a un siècle et demi, qui aurait parlé d'une affaire pareille en dehors des limites du Limousin ? Si l'on a parlé de l'affaire Calas et d'autres du même genre, c'est à raison de l'immense renommée de Voltaire et de l'intérêt extrajudiciaire qu'attachaient à ces causes fameuses les passions du temps : intérêt nullement local, on ne peut plus général, au contraire, puisqu'il s'agissait, à tort ou à raison, d'erreurs judiciaires qui étaient un grand procès fait à nos institutions, à notre magistrature tout entière. J'en dirai autant de l'émoi national suscité en d'autres temps par l'affaire des Templiers.

On peut affirmer que jusqu'à la Révolution française il n'y a pas eu si beau crime de droit commun, non politique, non exploité par des sectaires, pour lequel la France entière se soit passionnée.

La chronique judiciaire, telle que nous la connaissons, élément malheureusement si important aujourd'hui de la conscience collective, de l'opinion, la chronique judiciaire fait, sans nulle alarme, et par pure indiscrétion désintéressée ou curiosité théâtrale, converger pendant des semaines entières tous les regards d'innombrables spectateurs épars, immense et invisible Colisée, vers un même drame criminel. Ce spectacle sanglant, le plus indispensable et le plus passionnant de tous pour les peuples contemporains, était inconnu de nos aïeux. Nos grands-pères les premiers ont commencé à le goûter.

Chapitre II : L'opinion et la conversation

Tâchons d'être plus précis. Dans une grande société divisée en nations, subdivisée en provinces, en fiefs, en villes, il y a toujours eu, même avant la presse, une opinion internationale, s'éveillant de loin en loin : - sous celle-ci, des opinions nationales, intermittentes aussi, déjà plus fréquentes ; - sous celles-ci, des opinions régionales et locales à peu près continues. Ce sont là les strates superposés de l'esprit public. Seulement la proportion de ces diverses couches, comme importance, comme épaisseur, a considérablement varié, et il est facile de voir dans quel sens. Plus on remonte haut dans le passé et plus l'opinion locale est dominante. Nationaliser peu à peu et internationaliser même de plus en plus l'esprit public telle a été l'œuvre du journalisme.

Le journalisme est une pompe aspirante et foulante d'informations qui, reçues de tous les points du globe, chaque matin, sont, le jour même, propagées sur tous les points du globe en ce qu'elles ont ou paraissent avoir d'intéressant au journaliste, eu égard au but qu'il poursuit et au parti dont il est la voix. Ses informations, en réalité, sont des impulsions peu à peu irrésistibles. Les journaux ont commencé par exprimer l'opinion, l'opinion d'abord toute locale de groupes privilégiés, une cour, un parlement, une capitale, dont ils reproduisaient les commérages, les discussions, les discours; ils ont fini par diriger presque à leur gré et modeler l'opinion, en imposant aux discours et aux conversations la plupart de leurs sujets quotidiens.

On ne saura, on n'imaginera jamais à quel point le journal a transformé, enrichi à la fois et nivelé, *unifié dans l'espace* et *diver*sifié *dans le temps* les conversations des individus, même de ceux qui ne lisent pas de journaux, mais qui, causant avec des lecteurs de journaux, sont forcés de suivre l'ornière de leurs pensées d'emprunt. Il suffit d'une plume pour mettre en mouvement des millions de langues.

Les parlements *d'avant la presse* différaient si profondément des parlements *depuis la presse* qu'ils semblent n'avoir avec ceux-ci que le nom de commun. Ils en différaient par leur origine, par la nature de leur mandat, Par leur fonctionnement, par l'étendue et l'efficacité de leur action. Avant la presse, les députés des Cortès, des Diètes, des États généraux ne pouvaient exprimer l'opinion, qui n'existait pas encore; ils n'exprimaient que des opinions locales, d'une toute autre nature, nous le savons, ou des traditions nationales. Ces assemblées n'étaient qu'une juxtaposition d'opinions hétérogènes, ayant trait à des questions particulières et différentes et qui, pour la première fois, apprenaient à sentir leurs dissonances ou leurs accords. Ces opinions locales prenaient ainsi les unes des autres une conscience toute locale elle-même, renfermée dans une étroite enceinte, ou ne rayonnant avec quelque intensité que dans la ville où ces réunions avaient lieu. Aussi, quand cette ville était une capitale comme Londres ou Paris, son conseil municipal pouvait-il se croire autorisé à rivaliser d'importance avec la Chambre des députés de la nation, ce qui explique, pendant la Révolution française même, les prétentions exorbitantes de la Commune de Paris affrontant ou subjuguant la Constituante, l'Assemblée nationale, la Convention. C'est que la presse alors, dépourvue des ailes immenses que les chemins de fer et les télégraphes lui ont attachées, ne pouvait mettre le Parlement en communication rapide et intense qu'avec l'opinion parisienne. À présent, tout parlement européen, grâce à la presse adulte, est en contact continuel et instantané, en rapport vivant d'action et de réaction réciproques, avec l'opinion, non plus d'une seule grande ville mais de tout le pays dont il est à la fois l'une des manifestations et l'une des excitations principales, le miroir courbe et le miroir ardent. Au lieu de faire se juxtaposer des esprits locaux et distincts, il fait s'entrepénétrer les expressions multiples, les facettes variées, d'un même esprit national.

Les parlements anciens étaient des groupes de mandats hétérogènes, relatifs à des intérêts, à des droits, à des principes distincts; les parlements nouveaux sont des groupes de mandats homogènes, alors même que contradictoires, comme ayant trait à des préoccupations identiques et conscientes de leur identité. - En outre, les députés anciens étaient dissemblables entre eux par les particularités originales de leurs modes d'élection, tous fondés sur le principe de l'inégalité et de la dissemblance électorales des divers individus, sur le caractère éminemment personnel du droit de suffrage. La puissance du nombre n'était pas encore née ou reconnue légitime ; et, pour cette même raison, dans les délibérations des assemblées élues de la sorte, la simple majorité numérique n'était regardée par personne comme donnant force de loi.

Dans les États les plus «arriérés», l'unanimité était requise, et la volonté de tous les députés moins un était tenue en échec par l'opposition de l'unique dissident. Ainsi, ni pour le recrutement des représentants, ni pour leur fonctionnement, la loi du nombre n'était conçue ni concevable avant l'épanouissement de la presse et la nationalisation de l'opinion. Après, nulle autre loi ne semble être imaginable ; en dépit de tous les périls et de toutes les absurdités qu'il implique, le suffrage universel s'impose partout, degré par degré, en attendant qu'il ait lui-même la sagesse de se réformer ; et, en dépit d'objections évidentes, on admet que tout le monde doit se courber devant la plus grave décision votée par la moitié des voix plus une.

Le suffrage universel et l'omnipotence des majorités parlementaires n'ont été possibles que par l'action prolongée et accumulée de la presse, condition *sine qua non* d'une grande démocratie niveleuse ; je ne dis pas d'une petite démocratie limitée aux remparts d'une cité grecque ou d'un canton suisse.

Les différences que je viens d'indiquer en expliquent une autre, à savoir la souveraineté inhérente aux parlements *depuis la presse* et à laquelle les parlements *d'avant la presse* n'ont jamais eu l'idée de prétendre. Ils n'ont pu être égaux, puis supérieurs au roi que lorsque, aussi bien, puis mieux que le roi, ils ont incarné la conscience nationale, accentué en les exprimant l'opinion et la volonté générales déjà nées, qui participent pour ainsi dire à leurs délibérations, et vécu avec elles en son intime union que le monarque n'ait pu persister à se dire leur unique ou leur plus parfaite représentation. Tant que ces conditions n'ont pas été remplies, - et elles ne le sont dans l'ère des grands États qu'après l'avènement du journalisme, - les assemblées les plus populaires, même en temps de révolution, ne parviennent pas à persuader aux peuples ni à se persuader elles-mêmes qu'elles disposent du pouvoir souverain ; et en présence d'un roi vaincu, désarmé, à leur merci, ce semble, on les voit respectueusement transiger avec lui, se croire heureuse d'obtenir de lui, d'un jean sans Terre, par exemple, une charte octroyée, reconnaissant ainsi, non par superstition mais par raison, par une raison de logique sociale profonde et cachée, la nécessité de sa prérogative. Les monarchies d'avant la presse pouvaient et devaient être plus ou moins absolues, intangibles et sacrées, parce qu'elles étaient toute l'unité nationale; depuis la presse, elles ne peuvent plus l'être, parce que l'unité nationale s'est faite en dehors d'elles et mieux que par elles. Elles peuvent subsister cependant, mais aussi différentes des monarchies anciennes que les parlements contemporains peuvent l'être des parlements passés. Le monarque d'autrefois avait pour mérite suprême de *constituer* l'unité et la conscience de la nation ; le monarque d'aujourd'hui ne peut plus avoir d'autre raison d'être que *d'exprimer* cette unité constituée hors de lui par la continuité d'une opinion nationale consciente d'elle-même, et de s'y conformer ou de s'y plier sans s'y asservir..

Pour en finir avec le rôle social de la presse, n'est-ce pas aux grands progrès de la presse périodique que nous devons surtout la délimitation plus nette et plus large le sentiment nouveau et plus accusé des nationalités, qui caractérise politiquement notre époque contemporaine ? N'est-ce pas elle qui a fait croître, en même temps que notre internationalisme, notre nationalisme, qui paraît en être la négation et pourrait bien n'en être que le complément ? Si le nationalisme croissant, à la place du loyalisme décroissant, est devenu la forme nouvelle de notre patriotisme, ne faut-il pas en faire honneur à cette puissance terrible et féconde? On peut s'étonner de voir, à mesure que les États s'entremêlent et s'entre-imitent, s'assimilent et moralement s'unifient, la démarcation des nationalités s'approfondir et leurs oppositions apparaître irréconci-liables. On ne comprend pas, à première vue, ce contraste du XIXe siècle nationaliste avec le cosmopolitisme du siècle précédent. Mais ce résultat, d'aspect paradoxal, est le plus logique du monde. Pendant que s'activait et se multipliait l'échange des marchandises, des idées, des exemples de toutes sortes entre peuples voisins ou éloignés, celui des idées, en particulier, progressait beaucoup plus rapidement encore, grâce aux journaux, entre les individus de chaque peuple parlant la même langue. Aussi, bien que la *différence absolue* des nations eût diminué par là, leur différence relative et consciente en était accrue. Observons que les limites géographiques des nationalités, à notre époque, tendent de plus en plus à se confondre avec celles des langues principales. Il est des États où la lutte des langues et la lutte des nationalités ne font qu'un. La raison en est que le sentiment national a été ravivé par le journalisme, et que le rayonnement vraiment efficace des journaux s'arrête aux frontières de l'idiome dans lequel ils sont écrits.

L'influence du livre, qui a précédé celle du journal, et qui au XVIIIe siècle comme au XVIIe a été dominante, ne pouvait produire les mêmes effets ; car si le livre faisait sentir aussi à tous ceux qui le lisaient dans la même langue leur identité philologique, il ne s'agissait plus là de questions *actuelles* et simultanément passionnantes pour tous. L'existence nationale est bien attestée par les littératures, mais ce sont les journaux qui attisent la *vie* nationale, qui soulèvent les mouvements d'ensemble des esprits et des volontés en leurs quotidiennes fluctuations grandioses. Au lieu de puiser son intérêt propre, comme le journal, dans l'actualité concrète de ces informations, le livre cherche à s'intéresser avant tout par le caractère *général* et abstrait des idées qu'il apporte. Il est donc plus apte à susciter un courant humanitaire, comme l'a fait notre littérature du XVIIIe siècle, qu'un courant national ou même international. Car international et humanitaire font deux : une fédération européenne, telle que nos internationalistes peuvent s'en faire une notion très positive, n'a rien de commun avec «l'humanité» divinisée par les encyclopédistes, dont Auguste Comte a dogmatisé les idées sur ce point. Par suite, il y a lieu de penser qu'à la prépondérance du livre sur le journal comme éducateur de l'opinion tient le caractère cosmopolite et abstrait des tendances de l'esprit public au moment où s'est ouverte la Révolution de 1789.

La conversation

Nous venons de jeter un premier coup d'œil, épars et rapide, sur notre sujet pour donner une idée de sa complexité. Nous nous sommes surtout attaché, après avoir défini l'opinion, à montrer ses rapports avec la presse. Mais la presse n'est qu'une des causes de l'opinion, et l'une des plus récentes. Si nous l'avons étudiée tout d'abord, c'est qu'elle est la plus en vue. Mais il convient d'étudier maintenant, et avec plus d'étendue, car c'est un domaine inexploré, le facteur de l'opinion que nous avons déjà reconnu être le plus continu et le plus universel, sa petite source invisible qui coule en tout temps et en tout lieu d'un flot inégal : la conversation. D'abord la conversation d'une élite. Dans une lettre de Diderot à Necker, en 1775, je trouve cette définition très juste : «L'opinion, ce mobile dont nous connaissons toute la force pour le bien et pour le mal, n'est, à son origine, que l'effet d'un petit nombre d'hommes qui parlent après avoir pensé, et qui forment sans cesse, en différents points de la société, des centres d'instruction d'où les erreurs et les vérités raisonnées gagnent de proche en proche jusqu'aux derniers confins de la cité où elles s'établissent comme des articles de foi». Si on ne causait pas, les journaux auraient beau paraître -et on ne conçoit pas dans cette hypothèse leur publication - ils n'exerceraient sur les esprits aucune action durable et profonde, ils seraient comme une corde vibrante sans table d'harmonie ; au contraire, à défaut de journaux et même de discours, la conversation, si, sans ces aliments, elle parvenait à progresser, ce qui est difficile à concevoir aussi, pourrait, à la longue, suppléer dans une certaine mesure le rôle social de la tribune et de la presse comme formatrice de l'opinion.

Par conversation, j'entends tout dialogue sans utilité directe et immédiate, où l'on parle surtout pour parler, par plaisir, par jeu, par politesse. Cette définition exclut de notre sujet et les interrogatoires judiciaires et les pourparlers diplomatiques ou commerciaux et les conciles, et même les congrès scientifiques, bien qu'ils abondent en bavardages superflus. Elle n'exclut pas le flirt mondain ni en général les causeries amoureuses, malgré la transparence fréquente de leur but qui ne les empêche pas d'être plaisantes par elles-mêmes. Elle comprend d'ailleurs tous les entretiens de luxe entre barbares même et entre sauvages. Si je ne m'occupais que de la conversation polie et cultivée comme un art spécial, je ne devrais guère la faire remonter plus haut, du moins depuis l'antiquité classique, que le XVe siècle en Italie, le XVIe ou le XVIIe siècle en France, puis en Angleterre, le XVIIIe en Allemagne. Mais, bien longtemps avant l'épanouissement de cette fleur esthétique des civilisations, ses premiers boutons ont commencé à se montrer sur l'arbre des langues; et pour être moins féconds que les causeries d'une élite en résultats visibles, les entretiens terre à terre des primitifs ne laissent pas d'avoir leur grande importance sociale.

jamais, sauf en duel, on n'observe quelqu'un avec toute la force d'attention dont on est capable qu'à la condition de causer avec lui. C'est là le plus constant, le plus important effet, et le moins remarqué de la conversation. Elle marque l'apogée de *l'attention spontanée* que [1] les hommes se prêtent réciproquement et par laquelle ils s'entre-pénètrent avec infiniment plus de profondeur qu'en aucun rapport social. En les faisant s'aboucher elle les faits se communiquer par une action aussi irrésistible qu'inconsciente. Elle est, par suite, l'agent le plus puissant de l'imitation, de la propagation des sentiments, des idées, des modes d'action. Un discours entraînant et applaudi est souvent moins suggestif, parce qu'il avoue l'intention de l'être. Les interlocuteurs agissent les uns sur les autres [2], de très près, par le timbre de voix, le regard, la physionomie, les passes magnétiques des gestes, et non pas seulement par le langage. On dit avec raison d'un bon causeur qu'il est un *charmeur* dans le sens magique du mot. Les conversations téléphoniques, où font défaut la plupart de ces éléments d'intérêt, ont pour caractéristique d'être ennuyeuses quand elles ne sont pas purement utilitaires.

---

1 On connaît les claires et profondes études de M. Ribot sur «l'attention spontanée» dont il a montré l'importance.

2 Les despotes le savent bien. Aussi surveillent-ils avec un soin méfiant les entretiens de leurs sujets et les empêchent-ils le plus possible de causer entre eux. Les maîtresses de maison autoritaires n'aiment pas voir leurs domestiques causer avec des domestiques étrangers, car elles savent que c'est ainsi qu'ils «se montent la tête». Dès le temps de Caton l'Ancien, les dames romaines se réunissaient pour babiller, et le farouche censeur voit de mauvais œil ces petits cercles féminins, ces débauches de salons *féministes*. Dans ses conseils à son intendant, il lui dit, à propos de la femme de celui-ci : «Qu'elle te craigne, qu'elle n'aime pas trop le luxe, qu'elle voie le moins possible ses voisines ou d'autres femmes».

Gabriel Tarde

Esquissons le plus brièvement possible la psychologie ou plutôt, et pour ainsi parler, la sociologie de la conversation. Quelles sont ses variétés ? Quelles ont été ses phases successives, son histoire, son évolution? Quelles sont ses causes et quels sont ses effets ? Quels sont ses rapports avec la paix sociale, avec l'amour, avec les transformations de la langue, des mœurs, des littératures ? Chacun de ces aspects d'un sujet si vaste demanderait un volume. Mais nous ne pouvons avoir la prétention de l'épuiser.

Les conversations diffèrent beaucoup d'après la nature des causeurs, leur degré de culture, leur situation sociale, leur origine rurale ou urbaine, leurs habitudes professionnelles, leur religion. Elles diffèrent comme sujets traités, comme ton, comme cérémonial, comme rapidité d'élocution, comme durée. On a mesuré la vitesse moyenne de la marche des piétons dans les diverses capitales du monde, et les statistiques qu'on en a publiées ont montré l'assez grande inégalité de ces vitesses, ainsi que la constance de chacune d'elles. je me persuade que, si on le jugeait à propos, on pourrait mesurer aussi bien la rapidité d'élocution propre à chaque ville et qu'on la trouverait très inégale d'une ville à l'autre, ainsi que d'un sexe à l'autre. Il semble que, à mesure que l'on se civilise davantage, on marche et on parle plus vite. Dans son *Voyage au Japon*, M. Bellessort note «*la lenteur des conversations japonaises*, les hochements de têtes, le corps immobiles agenouillés autour d'un brasero». Tous les voyageurs ont remarqué aussi le parler lent des Arabes et d'autres peuples primitifs. L'avenir est-il aux peuples de parler lent ou rapide ? De parler rapide, probablement, mais il vaudrait la peine, je crois, de traiter avec une précision numérique ce côté de notre sujet, dont l'étude ressortirait à une sorte de psycho-physique sociale. Les éléments, pour le moment, en font défaut.

La conversation est d'un tout autre ton, d'une toute autre rapidité même, entre inférieur et supérieur ou entre égaux - entre parents ou entre étrangers - entre personnes du même sexe ou entre hommes et femmes. Les conversations de petite ville entre concitoyens qui sont liés les uns aux autres par des amitiés héréditaires, sont et doivent être bien différentes des conversations de grande ville

Chapitre II : L'opinion et la conversation

entre gens instruits qui se connaissent très peu. Les uns comme les autres parlent de ce qu'il y a de plus connu et de plus commun entre eux en fait d'idées. Seulement, ce qu'il y a de. commun à cet égard entre les derniers leur est commun aussi, puisqu'ils ne se connaissent pas personnellement, avec une foule d'autres personnes : de là leur penchant à causer de sujets généraux, à discuter les idées d'un intérêt général. Mais les premiers n'ont pas d'idées qui leur soient plus communes et en même temps plus connues que les particularités de la vie et du caractère des autres personnes de leur connaissance : de là leur propension au commérage et à la médisance. Si l'on médit moins dans les cercles cultivés des capitales, ce n'est pas que la méchanceté ou la malignité y soit moindre ; mais elle trouve moins à sa portée sa matière première, à moins qu'elle ne s'exerce, ce qu'elle fait souvent, sur les personnages politiques en vue ou sur les célébrités théâtrales. Ces *potins publics* ne sont, d'ailleurs, supérieurs aux potins privés, dont ils tiennent lieu, qu'en ce qu'ils intéressent, par malheur, un plus grand nombre de gens.

Laissant de côté beaucoup de distinctions secondaires, distinguons avant tout la conversation-lutte et la conversation-échange, la discussion et la mutuelle information. Il n'est pas douteux, comme nous le verrons, que la seconde va se développant au détriment de la première. Il en est de même au cours de la vie de l'individu qui, porté à discuter comme à se battre pendant son adolescence et sa jeunesse, évite la contradiction et recherche l'accord des pensées en avançant en âge.

Distinguons aussi la conversation obligatoire, - cérémonial réglé et rituel, - et la conversation facultative. Celle-ci n'a généralement lieu qu'entre égaux, et l'égalité des hommes favorise ses progrès, autant qu'elle contribue à rétrécir le domaine de l'autre. Il n'est rien de plus grotesque, si on ne l'explique historiquement, que l'obligation imposée par des décrets aux fonctionnaires, par les convenances aux particuliers, de se faire ou de se rendre des visites périodiques pendant lesquelles, assis ensemble, ils sont forcés, une demi-heure ou une heure durant, de se torturer l'esprit pour se parler sans rien se dire ou pour se dire ce qu'ils ne pensent pas et ne pas se dire ce qu'ils pensent. L'acceptation universelle d'une telle contrainte ne se comprend que si l'on remonte à ses origines. Les premières visites faites aux grands, aux chefs, par leurs inférieurs, aux suzerains par leurs vassaux, avaient pour objet principal l'apport de présents d'abord spontanés et irréguliers, plus tard coutumiers et périodiques, comme l'a abondamment montré Herbert Spencer ; et en même temps il était naturel qu'elles fussent l'occasion d'un entretien plus ou moins court, consistant en compliments hyperboliques d'une part, en remerciements protecteurs de l'autre [1]. Ici la conversation n'est que l'accessoire du cadeau, et c'est ainsi qu'elle est encore comprise par maints paysans des régions les plus arriérées dans leurs rapports avec les personnes d'une classe supérieure. Peu à peu, ces deux éléments des visites archaïques se sont dissociées, le présent devenant l'impôt, et l'entretien se développant à part, mais non sans garder, même entre égaux, quelque chose de son caractère cérémonieux d'autrefois. De là ces formules et des formalités sacramentelles par lesquelles toute conversation commence et finit. Malgré leurs variantes, elles s'accordent toutes à manifester un souci très vif de la précieuse existence de celui à qui l'on parle, ou un désir intense de le revoir. Ces formules et ces formalités, qui vont s'abrégeant, mais qui n'en restent pas moins le cadre permanent de la conversation, impriment à celle-ci le cachet d'une véritable institution sociale.

Une autre origine des conversations obligatoires a dû être l'ennui profond que la solitude fait éprouver aux primitifs et en général aux illettrés quand ils ont des loisirs. L'inférieur alors se fait un devoir d'aller, même sans cadeau à la main, tenir compagnie au supérieur et causer avec lui pour le désennuyer. Par cette origine comme par l'autre, l'encadrement rituel des entretiens imposés s'explique sans peine.

---

1 La coutume des visites et celle des cadeaux sont liées entre elles; il semble probable que la visite n'a été que la conséquence nécessaire du cadeau. La visite est, en somme, une survivance ; le cadeau était sa raison d'être à l'origine et elle lui a survécu. Cependant il en reste quelque chose, et, dans beaucoup de visites à la campagne, quand on va chez des hôtes qui ont des enfants, il est encore d'usage dans beaucoup de pays, d'apporter des bonbons, des friandises. - Les compliments devaient être autrefois le simple accompagnement des cadeaux, de même que la visite. Et de même, après la désuétude des cadeaux, les compliments ont subsisté, mais peu à peu *mutualisés* et devenus *conversation*.

Chapitre II : L'opinion et la conversation

Quant aux conversations facultatives, leur source en est dans la sociabilité humaine qui, de tout temps, a jailli en libres propos au contact des pairs et des camarades.

Puisque nous venons de toucher à l'évolution de la conversation, ne devons-nous pas chercher plus haut ses premiers germes ? Sans nul doute, quoique je n'éprouve pas la tentation de remonter jusqu'aux sociétés animales, au bavardage des moineaux dans les arbres et au tumultueux croassement des corbeaux en l'air. Mais on peut avancer sans crainte que, dès les plus anciens débuts du langage articulé et gesticulé, le plaisir de parler pour parler, c'est-à-dire en somme de causer, a dû se faire sentir. La création de la parole est incompréhensible si l'on n'admet que la langue a été le premier luxe esthétique de l'homme, le premier grand emploi de son génie inventif, qu'elle a été aimée et adorée pour elle-même, comme un objet d'art ou comme un jouet encore plus que comme un outil. La parole ne serait-elle pas née du chant, du chant dansé, de la même manière que l'écriture, bien plus tard, est née du dessin ? Il semble que, avant de se parler quand ils se rencontraient de loisir, les hommes primitifs aient commencé par chanter ensemble ou se chanter l'un à l'autre. On pourrait voir un débris survivant de ces conversations musicales dans les chants alternés des bergers d'églogues, et aussi bien dans la coutume encore vivante des Esquimaux chez lesquels on chante contre quelqu'un au lieu de le railler. Leurs chants satiriques, alternés aussi, duels inoffensifs et prolongés, jouent le même rôle que les discussions animées parmi nous.

Une autre conjecture me paraît vraisemblable. je reprends ma comparaison de tout à l'heure. Bien longtemps avant de pouvoir servir aux usages familiers, aux correspondances entre amis ou parents, aux conversations épistolaires, l'écriture n'a été propre qu'aux inscriptions lapidaires, d'origine religieuse ou monarchique, aux enregistrements solennels ou aux commandements sacrés. De ces hauteurs, par une série de complications et de vulgarisations séculaires, l'art d'écrire est descendu jusqu'au point où les postes aux lettres sont devenues indispensables. Il en est de même de la parole. Longtemps avant d'être utilisable en conversation, elle n'a pu être qu'un moyen d'exprimer les ordres ou les avertissements des chefs ou les sentences des poètes moralistes. En somme, elle était d'abord, nécessairement, un monologue. Le dialogue n'est venu qu'après, conformément à la loi d'après laquelle l'unilatéral précède toujours le réciproque.

L'application de cette loi au sujet qui nous occupe est susceptible de plusieurs significations pareillement légitimes. D'abord, il est vraisemblable que, à la première aube de la parole, dans la première famille ou horde qui a entendu les premiers balbutiements, c'est un individu mieux doué que les autres qui a eu le monopole du langage ; les autres écoutaient, pouvant déjà le comprendre, avec effort, ne pouvant pas encore l'imiter. - Ce don spécial a dû contribuer à élever un homme au-dessus des autres. D'où l'on peut induire que le monologue du père parlant à ses esclaves ou à ses enfants, du chef commandant ses soldats, a été antérieur au dialogue des esclaves, des enfants des soldats entre eux, ou avec leur maître. - En un autre sens, inverse du premier, l'inférieur plus tard s'est adressé au grand pour le complimenter, comme je l'ai dit, avant que celui-ci daignât lui répondre. Sans accepter l'explication que donne Spencer de l'origine des compliments, qui seraient exclusivement dus, d'après lui, au despotisme militaire, on doit reconnaître que le compliment a été la relation unilatérale qui, en se mutualisant, à mesure que l'inégalité s'atténuait, est devenue la conversation, celle que j'ai appelée obligatoire. La prière aux dieux, comme le compliment aux chefs, est un monologue rituel, car le monologue est naturel à l'homme, et sous la forme du psaume ou de l'ode, du lyrisme de tous les temps, il marque la première phase de la poésie religieuse ou profane. Il est à remarquer que, en se développant, la prière tend à se dialoguer, comme on le voit par la messe catholique ; et l'on sait que des chants à Bacchus ont été le germe initial de la tragédie grecque. L'évolution de celle-ci nous présente, par la survivance du chœur, dont le rôle va s'amoindrissant, bien des degrés de transition entre le monologue et le dialogue. La tragédie grecque était au début et est restée jusqu'à la fin une cérémonie religieuse, qui, comme toutes les cérémonies religieuses parvenues à leur dernier terme de développement dans les religions supérieures comprend à la fois des monologues et des dialogues rituels [1], des prières et des conversations. Mais le besoin de converser l'emporte de plus en plus sur le besoin de prier.

En tout temps, les causeurs parlent de ce que leurs prêtres ou leurs professeurs, leurs parents ou leur maîtres, leurs orateurs ou leurs journalistes, leur ont enseigné. C'est donc des monologues prononcés par les supérieurs que s'alimentent les dialogues entre égaux. Ajoutons que, entre deux interlocuteurs, il est très rare que les rôles soient d'une égalité parfaite. Le plus souvent, l'un parle beaucoup plus que l'autre. Les dialogues de Platon en sont un exemple. Le passage du monologue au dialogue se vérifie dans l'évolution de l'éloquence parlementaire. Les discours solennels, emphatiques, non interrompus, étaient habituels dans les anciens parlements ; ils sont très exceptionnels dans les parlements nouveaux. Plus nous allons, plus les séances des Chambres de députés ressemblent à des discussions, sinon de salon, du moins de cercle ou de café. Entre un discours de la chambre française coupé d'interruptions fréquentes, et certaines conversations violentes, la distance est minime.

On parle pour enseigner, pour prier ou commander, ou enfin pour questionner. Une question suivie d'une réponse, c'est déjà un embryon de dialogue. Mais, si c'est toujours le même qui interroge et l'autre qui répond, l'interrogatoire unilatéral dont il s'agit n'est pas une conversation, c'est-à-dire un interrogatoire réciproque, une enfilade et un entrelacement de questions et de réponses, d'enseignements échangés, d'objections mutuelles. L'art de la conversation n'a pu naître qu'après un long aiguisement des esprits par des siècles d'exercices préliminaires qui ont dû débuter dès les temps les plus reculés.

Ce n'est pas aux âges les plus antiques de la préhistoire qu'on a dû causer le moins ou s'essayer le moins à causer. La conversation supposant, avant tout, des loisirs, une certaine variété de vie et des occasions de réunion, l'existence accidentée et souvent oisive des chasseurs ou des pêcheurs primitifs [2] qui se rassemblaient si

---

1 Dans les cérémonies juridiques de la Rome primitive (actions de la loi) il y a aussi des conversations rituelles. Avaient-elles été précédées de monologues ?

2 À l'époque paléolithique dite *de la Madeleine,* où fleurissait un art naïf, où

souvent pour chasser, pêcher ou manger ensemble le fruit de leurs efforts collectifs, n'a pu qu'être favorable aux joutes oratoires des meilleurs parleurs. Aussi les Esquimaux, chasseurs et pêcheurs à la fois, causent-ils beaucoup. Ce peuple enfant connaît déjà les visites. «Les hommes se réunissent à part pour causer entre eux, les femmes se réunissent de leur côté et trouvent leurs sujets de conversation, après avoir pleuré les parents morts, dans les commérages. Les conversations pendant les repas peuvent durer des heures entières et roulent sur la principale occupation des Esquimaux, c'est-à-dire sur la chasse. Dans leur récit ils décrivent avec les plus petits détails tous les mouvements du chasseur et de l'animal. En racontant un épisode de la chasse au phoque, ils figurent de leur main gauche les sauts de l'animal et de leur main droite tous les mouvements du kajak (du bateau) et de l'arme [1] «.

La vie pastorale laisse autant de loisirs que la chasse mais elle est plus réglée et plus monotone, elle disperse plus longtemps les hommes., Les pâtres, même nomades, Arabes ou Tartares, sont silencieux. Et si les bucoliques de Virgile et de Théocrite semblent indiquer le contraire, n'oublions pas que ces deux poètes ont peint les mœurs de bergers civilisés par le voisinage des grandes villes. Mais, d'autre part, la vie pastorale est liée au régime patriarcal où se pratique la vertu de l'hospitalité, qui pourrait être, - aussi bien que la hiérarchie sociale, née aussi à cette phase sociale, - l'origine de la conversation obligatoire.

Une des causes qui ont dû retarder le plus, avant l'établissement d'une forte hiérarchie, l'avènement de la conversation, c'est que les hommes incultes, entre égaux, sont portés à parler tous à la fois

---

tout révèle une population paisible et heureuse (voir à ce sujet M. de Mortillet, *la Formation de la nationalité française),* il n'est pas douteux qu'on a dû beaucoup causer dans les belles casernes habitées d'alors. - Dans les *Lettres édifiantes* il est souvent question du goût des sauvages chasseurs d'Amérique, et surtout de leurs femmes, pour la conversation. Une jeune sauvagesse convertie, est louée par un missionnaire pour avoir évité de perdre son temps dans les «nombreuses visites» que se font les femmes du pays (Canada). Ailleurs il est dit qu'on s'accordait à louer cette fille, malgré le penchant que les sauvages ont «à médire». Les Illinois, nous dit une autre lettre, «ne manquent pas d'esprit, ils tournent une raillerie d'une manière assez ingénieuse».

1 Tenicheff, *l'Activité de l'homme,* 1898.

Chapitre II : L'opinion et la conversation

et à s'interrompre sans cesse [1]. Il n'est pas de défaut plus difficile à corriger chez les enfants. Laisser parler l'interlocuteur est une marque de politesse à laquelle on ne se résout d'abord qu'en faveur d'un supérieur, sauf à la pratiquer à l'égard de tout le monde quand l'habitude en est prise. Cette habitude ne saurait donc se généraliser dans un pays que grâce à une assez longue discipline antérieure. Voilà pourquoi il convient, je crois, de faire procéder des conversations obligatoires, et non des conversations facultatives, les progrès de l'art de causer tel que nous le connaissons.

À ce point de vue, la vie agricole, qui seule a permis la constitution de cités et d'États fortement régis, doit être considérée comme ayant fait progresser la conversation, quoique, par la dispersion plus grande des individus, la monotonie de leurs travaux et le resserrement de leurs loisirs, elle ait contribué à les rendre souvent taciturnes. La vie industrielle, en les rassemblant à l'atelier et dans les villes, a stimulé leur penchant à converser.

On a beaucoup parlé d'une certaine loi de *récapitulation*, d'après laquelle les phases que traverse l'esprit de l'enfant dans la formation graduelle seraient, dans une certaine et vague mesure, la répétition abrégée de l'évolution des sociétés primitives. S'il y a quelque chose de vrai dans cette vue, l'étude de la conversation chez les enfants pourrait servir à deviner ce que la conversation a été aux premiers âges de l'humanité. Or, longtemps avant de dialoguer, les enfants commencent par *questionner*. Cet interrogatoire qu'ils font subir à leurs parents et aux autres grandes personnes est pour eux la première forme, unilatérale, de la causerie. Plus tard, il deviennent

---

1 Dans son voyage en Tripolitaine (1840), Pesant est frappé du tapage assourdissant des audiences d'un bey : «Les Mamelucks et les nègres, dit-il, se mêlaient à la discussion et finissaient par discourir tous à la fois, ce qui faisait un vacarme dont je fus étourdi la première fois que j'assistai à ces débats. je demandai pourquoi le bey éprouvait tant d'obstacles dans ses décisions et quels *étaient les motifs de ces bruyantes discussions* : ne pouvant me répondre catégoriquement, ils *me dirent que c'était leur manière de raisonner entre eux.*» - Il y a des exceptions. D'après les *Lettres édifiantes,* les Illinois étaient exceptionnellement doués pour l'art de la conversation. «Ils entendent fort bien raillerie, ils ne savent ce que c'est que disputer et s'emporter en conversant. jamais ils ne vous interrompent dans la conversation. Les hommes, nous dit-on, mènent une vie parfaitement oisive; ils causent en fumant la pipe, et c'est tout. Les femmes travaillent, mais ne se font pas faute non plus de babiller.»

Gabriel Tarde

narrateurs et auditeurs de *récits, ou,* alternativement, narrateurs et auditeurs. Plus tard enfin ils font des remarques, ils expriment des observations générales qui sont des embryons de *discours ;* et, quand le discours se mutualise à son tour, on a la discussion, puis la conversation. L'enfant est crédule, en effet, longtemps avant d'être contradicteur. Il y a, pour lui, une phase de contradiction comme il y a eu, auparavant, une phase d'interrogation.

Mais, questionner, narrer, discourir, discuter, tout cela est l'exercice intellectuel de l'enfant. L'exercice volontaire précède.

L'enfant est *commandé* et *commande,* longtemps avant d'être enseigné et d'enseigner. L'impératif passe avant l'indicatif. L'enfant se bat avant de discuter et de se disputer même ; il sent l'opposition des désirs d'autrui avant de sentir celle des jugements d'autrui. Il ne peut sentir l'opposition de ces désirs, puis de ces croyances qu'après avoir subi leur contagion. Sa docilité et sa crédulité sont la condition préalable et nécessaire de son esprit de désobéissance et de contradiction. L'enfant est donc disputeur et causeur, parce qu'il est, d'abord et avant tout, imitateur.

Si nous conjecturons, d'après ces remarques, ce qu'a dû être le passé de la conversation dans les races humaines, induisons d'abord que, malgré sa très haute antiquité préhistorique, elle ne saurait remonter aux origines mêmes de l'humanité. Elle a dû être précédée, non seulement d'une longue période d'imitation silencieuse, mais encore, plus tard, d'une phase où l'on aimait à narrer, ou à entendre narrer, non à causer. C'est la phase des épopées. Les Grecs avaient beau être une race bavarde entre toutes, il n'en est pas moins vrai, que, au temps d'Homère, on causait peu, si ce n'est pour *se questionner.* Toutes les conversations étaient utiles. Les héros homériques sont *très conteurs* mais *très peu causeurs. Ou* bien leurs entretiens ne sont que des récits alternatifs. «Aux premières lueurs de l'aurore, dit Ménélas dans l'Odyssée (chant IV), Télémaque et moi échangerons de longs discours et nous nous entretiendrons mutuellement.» Échanger de longs discours, c'est ce qu'on appelait causer, à cette époque.

Chapitre II : L'opinion et la conversation

Les seules conversations d'apparence oiseuse alors sont elles-mêmes utilitaires : celles des amoureux. Hector, hésitant à aller trouver Achille pour lui proposer des conditions de paix, finit par se dire : je n'irai point auprès de cet homme, il n'aurait pour moi aucune compassion... Ce n'est pas le moment de causer avec lui du chêne et du rocher, comme les jeunes gens et les jeunes filles font entre eux. Mieux vaut combattre.» jeunes gens et jeunes filles *flirtaient* donc déjà, et leur flirt consistait à parler «du chêne et du rocher», c'est-à-dire apparemment de superstitions populaires. - C'est seulement en se civilisant, à l'époque de Platon, que les Grecs se plaisent à dialoguer pour passer le temps sous les peupliers qui bordent l'Illissus. - À la différence des épopées antiques, et aussi bien des chansons de gestes, où les conversations sont si clairsemées, les romans modernes, à commencer par ceux de Mlle de Scudéry, se distinguent par l'abondance, toujours croissante, des dialogues.

Pour bien comprendre les transformations historiques de la conversation, il est essentiel d'analyser de plus près ses causes. Elle a des causes linguistiques : une langue riche, harmonieuse, nuancée, prédispose au bavardage. Elle a des causes religieuses : son cours change suivant que la religion nationale limite plus ou moins la liberté des propos, interdit sous des peines plus ou moins graves le flirt, la médisance, le «libertinage d'esprit», s'oppose ou non au progrès des sciences et à l'instruction populaire, impose ou non la règle du silence à certains groupes, moines chrétiens ou confréries pythagoriciennes, et met à la mode tel ou tel sujet de discussion théologique, l'incarnation, la grâce, l'immaculée conception [1]. Elle a des causes politiques : dans une démocratie, elle se nourrit des sujets que la tribune ou la vie électorale lui fournissent ; dans une monarchie absolue, de critique littéraire ou d'observations psychologiques, à défaut de thèmes plus importants que la loi de lèse-majesté rend périlleux. - Elle a ses causes économiques [2], dont

1 En passant par le Midi de l'Espagne, Dumont d'Urville note ce qui suit : «Les combats de taureaux et les disputes sur l'immaculée conception, disputes qui prirent naissance dans les monastères de la province, occupent les esprits à l'exclusion de tout le reste.» À présent, il trouverait tout le monde plongé dans la politique, unique sujet des conversations, en Espagne comme dans toutes les républiques espagnoles de l'Amérique du Sud.

2 L'un des plus grands obstacles à l'établissement des sociétés coopératives de

Gabriel Tarde

j'ai déjà indiqué la principale : le loisir, la satisfaction de besoins plus urgents. Il n'est pas, en un mot, un côté de l'activité sociale qui ne soit en rapport intime avec elle et dont les modifications ne la modifient. J'indique simplement pour mémoire l'influence que peuvent avoir sur elle certaines particularités de mœurs d'un moindre intérêt. Le ton et l'allure des entretiens sont influencés par l'attitude du corps pendant qu'on parle. Les conversations assises sont les plus réfléchies, les plus substantielles ; elles sont aussi, parmi nous, les plus fréquentes, mais non à la cour de Louis XIV où le privilège du tabouret n'étant accordé qu'aux duchesses, on devait causer debout. Les anciens, dans leurs triclinia, appréciaient par-dessus tout la conversation *couchée* [1], qui ne devait pas être la moins délicieuse, si nous en jugeons d'après la lenteur caractéristique, le charme délayé et fluide des dialogues écrits qu'ils nous ont laissés. Mais les conversations *ambulantes des* péripatéticiens marquent un mouvement d'esprit plus vif et plus animé. - Il est certain que le discours debout diffère profondément, par son caractère plus accentué de solennité, du discours assis, plus familier et plus bref. - Quant au discours couché et au discours ambulant, je n'en connais guère d'exemple. - Autre observation. Assez souvent, et d'autant plus souvent qu'on est plus près de la vie primitive, les hommes et les femmes, surtout les femmes, ne causent entre eux qu'en faisant autre chose, soit en se livrant à quelque travail aisé, comme font les paysans qui, dans les veillées, égrènent des légumes pendant que les femmes filent, cousent ou tricotent, soit en mangeant ou buvant

---

consommation, qui présentent des avantages si manifestes au consommateur, ce sont, d'après un excellent observateur, «les habitudes de commérages qui trouvent à s'exercer dans les boutiques. C'est là qu'on se rencontre, là que s'échangent les nouvelles du quartier et tout ce menu bavardage si cher aux femmes et qui les attache aux fournisseurs. C'est même cette disposition des femmes qui décide certaines sociétés (par exception) a vendre au public (et non pas seulement aux associés) parce qu'alors le magasin n'a plus un aspect particulier, et les femmes croient venir dans une boutique ordinaire.» On voit par là combien est fort et irrésistible le courant des conversations, une fois lancé. - On en a une autre preuve par la difficulté reconnue qu'il y a à garder un secret, quand on sait qu'il est de nature à intéresser un interlocuteur, alors même qu'on a intérêt à se taire. Cette difficulté, si grande parfois, peut servir à mesurer la force du penchant sympathique, du besoin de communication mentale avec ses semblables.

1 Ne la confondons pas avec celle dont nous parle Dumont d'Urville, à propos des îles Havaï : «Au nombre des usages bizarres de la contrée, dit-il, il faut citer la manière dont on fait la conversation, couché à *plat ventre* sur des nattes.»

Chapitre II : L'opinion et la conversation

des consommations dans un café, etc. S'asseoir en face les uns des autres tout exprès et exclusivement pour causer, est un raffinement de la civilisation. Il est clair que l'occupation à laquelle on se livre en causant n'est pas sans influence sur la manière dont on cause. - Autre genre d'influence : la conversation du matin diffère toujours quelque peu de celle de l'après-midi ou de la soirée. À Rome, où sous l'Empire les visites avaient lieu le matin, rien de semblable aux causeries de nosfive o'clock ne pouvait être connu. Nous passons sur ces insignifiances [1].

Avant tout, il y a à considérer le temps qu'on peut consacrer à causer, le nombre et la nature des personnes avec qui l'on peut causer, le nombre et la nature des sujets dont on peut causer. Le temps où l'on peut causer s'accroît avec les loisirs que procure la richesse, par les perfectionnements de la production. Le nombre des personnes avec qui l'on peut causer s'étend à mesure que la multiplicité originelle des langues diminue et que leur domaine augmente [2]. Le nombre des sujets de conversation grandit quand les sciences progressent et se répandent, quand les informations de tous genres se multiplient et s'accélèrent. Enfin, par le changement des mœurs dans un sens démocratique, ce n'est pas seulement le nombre des interlocuteurs possibles qui s'accroît, c'est leur qualité qui varie. Les diverses couches sociales entrent plus librement en conversation ; et, par l'émigration des champs aux villes, par l'urbanisation des campagnes mêmes, par l'élévation du niveau moyen de l'instruction générale, la nature des entretiens devient tout autre, de nouveaux sujets se substituent aux anciens. - En somme, parler la même langue, avoir des connaissances et des idées communes, être de loisir, voilà les conditions nécessaires de la causerie. Donc, tout ce qui unifie les langues et les enrichit, tout

---

1 Dans son livre sur les *Français d'aujourd'hui,* qui semble créé et mis au monde tout exprès pour servir de pierre de touche décisive à ses idées générales, M. Demolins explique, par l'influence de l'olivier ou du châtaignier, le goût des Méridionaux pour les conversations et leur penchant aux hyperboles.

2 Il s'étend aussi, bien entendu, avec le chiffre et la densité de la population. On cause beaucoup moins - *caeteris paribus,* - *aux* champs qu'à la ville ; l'émigration des campagnes vers les villes favorise donc la conversation et la fait transformer. Mais dans les petites villes, où les oisifs abondent et où tout le monde se connaît, ne cause-t-on pas plus que dans les grandes ? Non, car les sujets manquent. La conversation qui y mérite ce nom n'y est que l'écho de celle des grandes villes.

Gabriel Tarde

ce qui unifie les éducations et les instructions en les compliquant, tout ce qui augmente les loisirs en abrégeant le travail plus productif, mieux secondé par les forces naturelles, contribue au progrès de la conversation.

On voit par là, l'action immense qu'ont eue sur elle les inventions capitales de notre siècle. Grâce à elles, la presse a pu inonder le monde entier et l'imbiber jusqu'aux dernières couches populaires. Et la plus grande force qui régisse les conversations modernes, c'est le livre, c'est le journal. Avant le déluge des deux, rien n'était plus différent, d'un bourg à l'autre, d'un pays à l'autre, que les sujets, le ton, l'allure des entretiens, ni de plus monotone, en chacun d'eux, d'un temps à l'autre. À présent, c'est l'inverse. La presse unifie et vivifie les conversations, les uniformise dans l'espace et les diversifie dans les temps. Tous les matins, les journaux servent à leur public la conversation de la journée. On peut être à peu près sûr à chaque instant du sujet des entretiens entre hommes qui causent dans un cercle, dans un fumoir, dans une salle des Pas-Perdus. Mais ce sujet change tous les jours ou toutes les semaines, sauf les cas, heureusement fort rares, *d'obsession nationale* ou internationale par un sujet fixe. - Cette similitude croissante des conversations simultanées dans un domaine géographique de plus en plus vaste, est l'un des caractères les plus importants de notre époque, car il explique en majeure partie la puissance grandissante de l'opinion contre la tradition et la raison même; et cette dissemblance croissante des conversations successives nous explique aussi bien la mobilité de l'opinion, contrepoids de sa puissance [1].

Faisons une remarque bien simple, mais qui a son importance. Ce n'est pas à force de causer, spontanément, que la conversation a évolué. Non, il a fallu que de nouvelles occasions et de nouvelles sources de conversation vinssent à jaillir par la succession, en partie accidentelle, en partie logique, des découvertes géographiques,

---

1 Mais, semblables ou changeantes, elles attestent ainsi un progrès immense, au point de vue social, car la fusion des classes et des professions, l'unité morale de la patrie, ne peut être véritable qu'à partir du jour où une conversation soutenue devient possible entre individus appartenant aux classes et aux professions les plus différentes. Nous devons ce bienfait - en retour de combien de maux - à la presse quotidienne.

Chapitre II : L'opinion et la conversation

physiques, historiques, des inventions agricoles ou industrielles, des idées politiques ou religieuses, des oeuvres littéraires ou artistiques. Ce sont ces nouveautés, qui, apparues quelque part l'une après l'autre, vulgarisées dans des groupes d'élite avant de se propager ailleurs, ont policé là et transformé, en y faisant mépriser certaines formes archaïques d'entretien, gauloiseries, bouffonneries, préciosité ridicules, l'art de la conversation. Si donc, par évolution de la conversation, on entendait un déroulement continu et spontané, on serait dans l'erreur. Et cette observation est applicable à tous les genres d'évolution, qui, si l'on y regarde de près, se laissent résoudre en insertions intermittentes, en greffages successifs et superposés, de nouveaux germes. Dans une petite ville, fermée par hypothèse à la lecture des journaux et sans communication facile avec le dehors, comme sous l'ancien régime, on a beau causer indéfiniment, la conversation ne s'élève jamais d'elle-même au-dessus de la phase du commérage. Sans la presse, les gentils hommes campagnards auraient beau être bavards, ils ne parleraient presque jamais que de chasse ou de généalogie, et les magistrats les plus causeurs ne parleraient guère que de droit ou de "mouvements du ressort» comme les officiers de cavalerie allemande, suivant Schopenhauer, ne parlent que de femmes et de chevaux.

La propagation ondulatoire en quelque sorte de l'imitation, assimilatrice et civilisatrice de proche en proche, dont la conversation est un des agents les plus merveilleux, explique sans peine la nécessité de la double tendance qu'au premier coup d'œil vient de nous révéler l'évolution de la conversation, à savoir d'une part, la progression numérique des interlocuteurs possibles et des conversations similaires réelles, et, d'autre part, à raison même de cette progression, le passage de sujets étroits n'intéressant qu'un très petit groupe, à des sujets de plus en plus élevés et généraux [1].

1 Avant le XVIIIe siècle, un *salon* comme celui d'Holbach ne se comprendrait pas. Le salon de Mme de Rambouillet était un salon *littéraire* et *précieux,* sans nulle liberté d'esprit - où il n'y avait d'un peu libre que la conversation amoureuse et galante (et encore)! - tandis que dans le salon d'Holbach on entendait, dit Morellet, «la conversation la plus libre, la plus instructive et la plus animée qui fût jamais : quand je dis libre, j'entends en matière de philosophie, de religion et de gouvernement, car les plaisanteries libres dans un autre genre en étaient bannies». C'étaient tout le contraire au XVIe siècle et au moyen âge : la *gauloiserie* était l'émancipation

Mais, si cette double pente est la même partout, elle n'empêche pas le cours *des* évolutions de la conversation d'être aussi distinct d'une nation à l'autre, d'une civilisation à l'autre que le tracé du Nil ou du Rhin l'est de celui du Gange ou de l'Amazone. Les points de départ sont multiples, nous l'avons vu, les chemins et le point d'arrivée, si arrivée il y a, ne sont pas moins divers. Nous ne trouvons pas partout des fous de cour, dont les plaisanteries ineptes ont tant diverti le moyen âge, ni des hôtels de Rambouillet, dont l'apparition a eu pour effet de rendre insupportables les Triboulet [1]. En France, il est certain que la disparition de ces grimaçants et encombrants bouffons est le meilleur indice des progrès de la conversation. Le dernier fou fut l'Angly, sous Louis XIII. - Mais à Rome, à Athènes, en Extrême-Orient, rien de pareil.

Est-ce dans les flirts, est-ce dans les négociations diplomatiques, est-ce dans les discussions d'église ou d'école, que l'art de causer est parvenu à prendre conscience de lui-même ? Cela dépend des pays. La conversation italienne s'est surtout épanouie par la diplomatie, la conversation française par la galanterie des cours, la conversation athénienne par les argumentations sophistiques, la conversation romaine par les débats du forum et, sous les Scipions, par les leçons des rhéteurs grecs. Peut-on s'étonner que, les modes de floraison ayant été si différents, les couleurs et les parfums de la fleur aient présenté une diversité si grande? M. Lanson regarde le temps des Scipions comme celui où les Romains ont appris à causer avec élégance et urbanité. Dans les dialogues de Cicéron et de Varron, il voit non pas seulement un pastiche de ceux de Platon, mais «l'image idéalisée, quoique vivante et fidèle, des conversations ordinaires de la société romaine». Conversations sans agrément d'ailleurs, qui sentent l'école et non la cour. Les

---

des conversations en matière de relations sexuelles, pour tenir lieu de toute autre liberté. Le salon d'Holbach, comme celui d'Helvétius, comme ceux de toute la fin du XVIIIe siècle, rassemblaient des causeurs de toute classe et de toute nationalité, éclectisme qui n'eût pas été possible auparavant. Par la grande diversité d'origine des causeurs, comme par l'extrême variété et liberté de leurs sujets de conversation, ces salons différaient beaucoup des lieux de causerie antérieurs.

1 L'un d'eux, Brusquet, trouve plaisant de se faire passer pour médecin dans le camp d'Anne de Montmorency et d'envoyer *ad patres.* naturellement, tous les malades qu'il soignait. Au lieu de le pendre, Henri II lui donna l'office de maître de la Poste à Paris.

Chapitre II : L'opinion et la conversation

femmes n'entreront que plus tard, sous les Sévères ou les Antonins, dans le cercle des causeurs, où chez nous elles ont trôné de tout temps, sous l'influence combinée du christianisme et de la galanterie chevaleresque. Sans être indispensable, comme on l'a vu, à tous les progrès de la conversation, l'avènement des femmes à la vie sociale a seul le don de la conduire au degré de grâce et de souplesse qui lui prête en France un charme souverain.

Une autre grande pente générale des transformations de la conversation peut être indiquée. À travers les sinuosités capricieuses de ses divers courants, elle tend à devenir de moins en moins une lutte et de plus en plus un échange d'idées. Le plaisir de discuter répond à un instinct enfantin, celui des petits chats, des petits animaux quelconques qui, comme nos enfants, s'amusent à des simulacres ou à des diminutifs de combats. Mais la proportion de la discussion, dans les dialogues des hommes mûrs, va en s'amoindrissant. D'abord il y a toute une catégorie de discussions, jadis innombrables, vives, animées, qui disparaissent rapidement : les marchandages remplacés par le prix fixe. En second lieu, à mesure que les renseignements sur toute chose deviennent plus précis, plus sûrs, plus nombreux, qu'on a des données numériques sur les distances, la population des villes et des États, etc., toutes les discussions violentes que faisait naître l'amour-propre collectif sur le point de savoir si telle corporation, telle église, telle famille l'emportait sur telle autre en crédit, en puissance, si le mouvement de tel port était plus considérable que celui de tel autre par le nombre et la force des vaisseaux, etc., deviennent sans objet. Les discussions, plus violentes encore, que suscitait le conflit des orgueils individuels par mutuelle ignorance, cessent ou s'affaiblissent par le contact plus fréquent et la plus complète connaissance d'autrui. Chaque information nouvelle tarit une source ancienne de discussions. Combien de sources pareilles ont été taries depuis le début de ce siècle ! L'habitude des voyages, en se répandant, a contribué à préciser beaucoup l'idée que les diverses provinces et les diverses nations se font les unes des autres et à rendre impossible le retour des disputes nées d'un patriotisme ignorant. Enfin, l'indifférence croissante en matière religieuse rend chaque jour plus facile l'observation de la règle de politesse qui interdit les discussions religieuses, jadis les plus redoutables et les plus passionnantes de toutes. L'indifférence en matière politique commence aussi, en se généralisant, à produire dans cet autre domaine orageux un effet analogue.

Il est vrai que, si le progrès des informations nettes et certaines a résolu les problèmes anciennement agités, il en a posé de nouveaux et provoqué de nouvelles discussions, mais celles-ci sont d'une nature plus impersonnelle et moins âpre, d'où toute violence est exclue : discussions philosophiques, littéraires, esthétiques, morales, qui stimulent les adversaires sans les blesser. Les discussions parlementaires semblent seules - encore n'est-ce qu'une apparence - échapper à cette loi d'adoucissement progressif : on dirait que, dans nos États modernes, les ferments de discorde tendent à se réfugier là comme dans leur dernier asile.

On peut donc affirmer que l'avenir est à une conversation tranquille et douce, pleine de courtoisie et d'aménité. Quant à savoir si l'espèce de conversation qui finira par prédominer sera amoureuse, ou philosophique, ou esthétique, rien ne permet de le décider. L'évolution de la conversation aura, sans nul doute, plusieurs issues, comme elle a eu plusieurs origines et plusieurs marches distinctes, malgré une certaine unité d'inclinaison générale [1].

---

1 J'ai à peine besoin de faire remarquer, tant la chose me paraît évidente, que l'évolution de la conversation se conforme *aux lois de l'imitation,* notamment à celle de l'imitation du supérieur par l'inférieur réputé tel et se réputant tel lui-même. On verra aussi la confirmation que notre sujet apporte à l'idée sur laquelle j'ai insisté plusieurs fois, que les capitales, donc les démocraties, jouent le rôle des aristocraties avant elles. C'est longtemps de la Cour, élite aristocratique, imitée par les hôtels des grandes villes et les châteaux, puis par les maisons de la bourgeoisie, qu'émanaient les nouvelles formes et les nouveaux sujets de conversation. C'est maintenant de Paris, imité par les grandes villes, les moyennes, les petites jusqu'au dernier village où sont tues les feuilles publiques, soit parisiennes, soit écho télégraphique des informations parisiennes, que se répandent partout le ton et le menu de la conversation du jour. On a la preuve de cette dérivation, notamment par la diffusion de l'accent de Paris jusqu'au fond du Midi. Aussi bien à l'étranger que chez nous, l'accent de la capitale s'est répandu dans les provinces et jamais l'inverse ne s'est vu, là du moins où la capitale est vraiment jugée telle. Si la capitale de la France eût été Bordaux, toute la France gasconnerait.

Chapitre II : L'opinion et la conversation

Après cet aperçu d'ensemble sur l'évolution de la conversation, occupons-nous plus à loisir de la conversation cultivée comme un art spécial et un plaisir exquis [1]. À quel moment s'épanouit-elle ainsi? On en a un signe à peu près certain dans la floraison de l'art dramatique, et surtout de la comédie qui, étant tout en dialogue, ne saurait passer au premier rang de la littérature et se substituer aux récits épiques, tout en actions, avant d'avoir trouvé dans la vie réelle des modèles d'entretiens aussi brillants et aussi beaux que des combats. On s'explique par là que l'épopée ait partout précédé le drame. Remarquons que les conversations reflètent toujours la vie réelle : l'Esquimau, le Peau-Rouge ne parlent que de chasses, les soldats causent batailles, les joueurs jeux, les matelots voyages. La conduite habituelle se reproduit dans les rêves la nuit, et, le jour, dans les conversations, qui sont des rêves complexes à deux ou trois, mutuellement suggérés, Elle se reproduit aussi dans la littérature écrite, qui est la fixation de la parole. Mais l'art dramatique est quelque chose de plus, la *reproduction*, et non pas seulement la conservation de la parole. Il est donc en quelque sorte le reflet d'un reflet de la vie réelle.

Un autre signe encore plus visible du règne de la parole cultivée est l'habitude de réserver dans les maisons habitées par la classe supérieure une pièce consacrée à la causerie, un *causoir*. Déjà l'existence d'un causoir public est moins significative : chez les Grecs, les gymnases comprenaient, parmi leurs dépendances, une enceinte, couverte ou non, appelée exèdre, où les philosophes se réunissaient et qui leur servait de *cercle*. Cela valait mieux que de faire salon en plein air, comme dans nos campagnes «sous l'orme du mail». C'est sans doute à l'exemple des Grecs que les patriciens romains, sous l'Empire, avaient dans leurs riches demeures, à côté des *triclinia* et des bibliothèques, une galerie appelée aussi exèdre où l'on recevait les philosophes, les poètes, les visiteurs distingués.

L'origine de nos salons modernes est différente. Ne procèdent-ils pas du *parloir* des monastères, bien qu'il répondît à un besoin d'autre nature, celui de faire exception quelque part, une

1 «Il nous faut, écrit Mlle de Montpensier à Mme de Motteville, toutes sortes de personnes pour pouvoir parler de toutes sortes de choses dans la *conversation qui,* à votre goût et au mien, *est le plus grand plaisir de la vie et presque le seul à mon gré».*

Gabriel Tarde

exception nécessaire, à la règle monastique du silence [1] ? Cela semble probable. Quoi qu'il en soit, inauguré dans les palais italiens du XVe siècle, le *salon* s'est répandu dans les châteaux de la Renaissance française et les hôtels parisiens [2]. Mais sa diffusion a été lente dans les maisons de la bourgeoisie jusqu'à notre siècle où il n'est pas si petit appartement qui ne prétende avoir son salon. Dans la description que M. Delahante nous donne de la maison que son trisaïeul fit bâtir à Crécy, en 1710, j'observe qu'il n'y avait pas de pièce à part pour recevoir les visites. Salon, salle à manger, chambre à coucher même, une seule salle tenait lieu de tout. Et il s'agissait d'un homme de la bonne bourgeoisie en passe de s'enrichir. On mangeait souvent à la cuisine. Mais il y avait, dans cette maison, qui passait alors pour très confortable, un «cabinet de repos» destiné à la solitude et non aux réceptions.

En France, l'hôtel de Rambouillet, dont le salon s'ouvrait presque à l'aube du grand siècle, vers 1600, a été non pas le premier berceau mais la première école de l'art de causer. C'est grâce aux 800 précieuses formées par ces leçons, et dont les noms nous ont été conservés, que s'est répandue une «ardeur générale de conversation», pour employer l'expression d'un contemporain ; et de la France, alors modèle universel, cette passion se propagea bientôt à l'étranger. Elle a eu certainement sur la formation ou la transformation de la langue française une influence profonde. Les précieuses, comme nous l'apprend l'abbé de Pure [3], «font solennellement vœu *de pureté du style,* de guerre immortelle aux pédants et aux provinciaux». D'après Somaise, «elles disent quelquefois des *mots nouveaux* sans s'en apercevoir, mais les font passer avec toute la légèreté et la délicatesse imaginables». D'après de Pure, les questions de langue et de grammaire reviennent à chaque instant comme à tout propos, dans leurs entretiens. L'une d'elles ne veut pas qu'on dise : «j'aime le melon», parce que c'est prostituer le mot : «j'aime». Chacune d'elles *a son jour* où rendez-

---

1 Remarquons que le vœu du silence, la renonciation à toute conversation inutile, a toujours été considéré comme la mortification la plus dure, la règle la plus rigoureuse et la plus souvent enfreinte, que l'imagination des fondateurs d'ordres monastiques ait pu inventer. Cela prouve à quel point le besoin de causer est général et irrésistible.
2 Chaque *précieuse avait* le sien sous le nom de réduit, de cabinet, d'alcove.
3 *Les mystères des ruelles,* roman *(1656).*

vous est donné aux joûteurs de ces tournois de la causerie. De là le *Calendrier des ruelles*. On attribuait cet usage à Mlle de Scudéry, dont nos contemporaines, innombrables, qui ont aussi leur jour, sont copistes sans le savoir.

Causer était pour les précieuses et pour toutes les grandes dames qui se modelaient sur elles un art si absorbant qu'elles se gardaient bien, à leurs réunions, de faire œuvre de leurs dix doigts, malgré les habitudes contraires des femmes de leur époque. «J'ai vainement cherché, dit Rœderer [1], dans les écrits du temps, l'occupation que les femmes de la haute société mêlaient à la conversation. J'aurais voulu voir entre leurs mains l'aiguille, la navette, le fuseau, le dévidoir ; j'aurais désiré voir ces femmes broder, faire de la tapisserie». C'est d'autant plus étonnant que, plus tard, on verra encore Mme de Maintenon, demeurée fidèle aux vieux usages, dévider des fuseaux et compter ses pelotons en causant avec Louis XIV.

Dans une société vraiment civilisée, il ne suffit pas que les meubles les plus utiles et les plus humbles soient des objets d'art, il faut encore que les moindres paroles, les moindres gestes, joignent toujours à leur caractère d'utilité, sans nulle affectation, un caractère de grâce ou de beauté propre. Il faut qu'il y ait des gestes «de style», comme des meubles «de style» [2]. En cela s'est distingué notre monde aristocratique du XVIIe et du XVIIIe siècle. Mais gardons-nous de croire que son penchant ait été exceptionnel. Sous d'autres formes, en toute société polie, ce même besoin s'est fait sentir. Il se fait sentir encore, parmi nous, dans les oasis esthétiques de nos démocraties. Ne dirait-on pas, à lire Taine, que le goût de la conversation fine et de la vie de salon a été, non pas plus intense seulement sous l'ancien régime dans les classes supérieures, mais encore une singularité caractéristique et unique de la société française à cette phase de son développement ?

Là est l'erreur de cet esprit si pénétrant, et elle n'a pas été sans importance. Par exemple, il attribue à la vie de salon le goût des

---

1 *Mémoires pour servir à l'histoire de la société polie en France (1835).*
2 Turgot, dit Morellet, était, dans son adolescence, rebuté par sa mère «qui le trouvait maussade parce qu'il ne faisait pas la révérence de bonne grâce».

Gabriel Tarde

idées générales dans l'ancienne France. Mais Tocqueville, avec plus
de vérité, ce semble, après avoir trouvé de son temps le goût des
idées générales bien plus développé aux États-Unis qu'en Angleterre malgré la similitude de race et de mœurs, explique la chose
par l'influence du régime égalitaire. Le plaisir de causer sur des
idées générales ou des généralités morales a été goûté ailleurs
aussi sans donner naissance à la vie de salon. Le salon, en effet,
n'est qu'un signe, comme nous l'avons dit, l'un des signes, et non
le cadre unique de la conversation polie, qui est née sans lui en
Grèce sous Périclès, à Rome sous Auguste, au moyen âge dans les
villes italiennes. Ce besoin de causer développait tantôt la vie de
gymnase, tantôt la vie de forum, tantôt la vie de cloître, de cloîtres
féminins surtout où la causerie devait être animée et intéressante
à l'époque de Saint Louis, quand l'évêque Eudes Rigaud les visitait
scandalisé. Chez nous, au cours de ce siècle, c'est la vie de café ou
de cercle qui tend à se développer surtout, malgré la multiplication
imitative et vaniteuse des «salons».

La mondanité d'ancien régime est née d'éléments complexes ;
comptons, outre le plaisir de causer, celui de copier la cour ou
les copies de la cour, c'est-à-dire un groupement hiérarchique
d'hommes et de femmes présidé par une personne à qui tout le
monde rend hommage et qui représente en petit le monarque : le
maître ou la maîtresse de maison. L'art de la conduite, en un tel
milieu, ne consiste pas exclusivement dans l'art de la conversation,
il suppose, avant tout, la distribution aisée, sûre, délicate, des
nuances de respect dues à la diversité des mérites et des rangs ;
et le plaisir des amours-propres satisfaits par là dans une société
éminemment hiérarchiques est au moins aussi apprécié de tous que
celui des idées échangées et accordées. Enfin, l'espèce d'hégémonie,
de royauté de la conversation, abandonnée aux femmes dans les
salons français, ne se comprendrait pas sans l'antique institution de
la chevalerie dont les cours monarchiques ont recueilli les débris.

Les reproches que Taine adresse, dans son livre sur *l'Ancien régime,*
à la vie du monde, ne concernent donc pas la vie de conversation
en général. Il n'est pas vrai que celle-ci soit nécessairement»
artificielle et sèche». Et même cela n'est vrai de la vie de salon la

Chapitre II : L'opinion et la conversation

plus aristocratique, que dans une certaine mesure. D'abord, la vie de salon a beau exprimer le respect de la hiérarchie sociale, comme, avant tout, elle tend à l'harmonie sociale par le ménagement réciproque des amours-propres, il doit arriver de toute nécessité que, même en exprimant les distances des rangs, elle les atténue. D'elle, comme de l'amitié, on peut dire : *pares aut facit aut invenit,* elle ne naît qu'entre égaux ou elle égalise,- elle ne naît qu'entre semblables ou elle assimile. Seulement elle n'égalise et n'assimile qu'à la longue. Mais il n'est pas douteux que l'égalité des droits et des rangs est le seul équilibre stable et définitif des amours-propres en contact prolongé. Elle est du reste, on le sait bien, un simple masque conventionnel, une transparente voilette qui recouvre la profonde inégalité des talents et des mérites individuels et sert à la mettre en valeur. Cette fiction de l'égalité est l'éclosion finale de la sociabilité. Dans une cour royale, en dépit de toutes les barrières de l'étiquette, l'habitude de vivre et de causer avec le roi établit entre ses sujets et lui une familiarité presque niveleuse. «Sire, - disait à Louis XVI le maréchal de Richelieu, témoin des deux règnes précédents, - sous Louis XIV on n'osait dire mot ; sous Louis XV, on parlait tout bas ; sous Votre Majesté, on parle tout haut». Mais, déjà, longtemps avant que se fût amoindrie la distance des courtisans au royal maître de maison, celle qui séparait ses invités avait été s'effaçant peu à peu, et les degrés infinis de la noblesse avaient commencé à se fondre ensemble dans la fréquentation de la Cour.

«Artificielle ?» Est-il si vrai que la vie de salon - ajoutons la vie de cercle, la vie de café, etc., -soit artificielle ? La nature sociable de l'homme ne le pousse-t-elle pas toujours et partout à ces jeux en commun, à ces réunions de plaisir sous des formes variées ? Et ne lui sont-elles pas aussi naturelles que l'état grégaire l'est au mouton ?

Quant à la «sécheresse du cœur» que la vie de salon engendrerait nécessairement, j'en vois la cause dans l'inégalité excessive que le respect aristocratique, aussi longtemps qu'il subsiste entier, creuse entre les parents et les enfants, ou entre les amis mêmes. Mais dès que, par l'effet même de la vie de salon, comme il vient d'être dit, cette inégalité devient moindre, l'apparition des sentiments naturels de tendresse et de passion est bien accueillie, et leur étalage peut devenir même une affectation mondaine, comme il l'a été pendant toute la seconde moitié du XVIIIe siècle, par un «retour à la nature» où tout n'était pas factice, loin de là. Ce seul fait, que la vie de salon, dans l'une de ses phases, dans sa phase finale et son embouchure pour ainsi dire, a favorisé la diffusion de la sensibilité et des effusions tendres, montre bien que la sécheresse du cœur n'est pas un caractère essentiel de la mondanité.

Il est certain que la vie de salon a nui, pendant tout l'ancien régime, à la vie de famille. Mais on en dirait autant de toute occupation absorbante, soit professionnelle, soit esthétique, soit politique, soit religieuse. Ce qui fait tort à la vie de famille, à présent, ce n'est plus la vie de salon, il est vrai, mais c'est la vie de cercle ou du café, c'est, pour l'ouvrier, la vie d'atelier, pour l'homme d'affaires la vie de palais, pour l'homme politique la vie électorale ou parlementaire. Ce serait plus tard, encore plus, si le rêve collectiviste était réalisable, la vie de phalanstère.

Nous ne pouvons pas compter non plus parmi les caractères essentiels de la mondanité ce que Taine signale comme un de ses traits les plus propres et les plus marqués, la répugnance aux nouveautés fortes, l'horreur des originalités. En réalité, toute vie sociale intense a pour effet de lancer un courant torrentiel de mœurs, d'opinions, d'habitudes, qu'il est difficile de remonter et où la plupart des originalités moyennes sont submergées. Les originalités fortes et exceptionnelles y parviennent seules, et alors elles deviennent le foyer d'une contagion nouvelle qui propage leur empreinte personnelle substituée ou superposée aux anciennes marques. Telle a été la sauvagerie de Rousseau, qui, détonnant au milieu de la mondanité effrénée de son temps, l'a refondue à son effigie. Dira-t-on aussi qu'un Diderot [1], un Voltaire, et tant d'autres,

1 Morellet, entre autres contemporains de Diderot, vante fort sa conversation. «Elle avait une grande puissance et un grand charme ; sa discussion était animée d'une parfaite bonne foi, subtile sans obscurité, variée dans ses formes, brillante d'imagination, féconde en idées et réveillant celle des autres : on s'y laissait aller des heures entières comme sur une rivière». - Ce sont les conversations privées, mondaines, à partir de la seconde moitié du dernier siècle, qui ont été les sources cachées du grand courant de la Révolution. C'est là une terrible objection au

n'ont pu faire accepter leur personnalité qu'en l'émoussant?

L'évolution de la vie de salon peut nous servir à envisager par un côté différent et plus saisissable l'évolution de la conversation. - On appelle une «société» - expression excellente, car elle revient à dire que le rapport social par excellence, le seul digne de ce nom, est l'échange des idées, - un groupe de gens habitués à se réunir quelque part pour causer ensemble. Dans les plus basses couches populaires il y a des «sociétés», mais elles sont très petites autant que nombreuses. Dans le fond des campagnes les plus arriérées, deux ou trois paysans prennent l'habitude de se voir aux veillées ou au cabaret, et, bien qu'on travaille aux veillées et qu'on boive au cabaret bien plus qu'on n'y cause, on y cause aussi. Ce sont là des embryons de salon et de cercle. À mesure qu'on s'élève sur l'échelle sociale, on voit le nombre des sociétés diminuer mais chacune d'elles grandir. Les cafés d'ouvriers se divisent en groupes de causeurs ou de discuteurs habituels déjà bien plus denses. Les petits commerçants ont un salon, très étroit, où l'on a la copie réduite des réunions de la classe supérieure. Celles-ci, dans la plupart des villes moyennes, se fractionnent à peine en deux ou trois «sociétés» et quelquefois même, fait qui a été et qui tend à redevenir général, elles ne forment qu'une seule et même sorte de corporation mondaine, «la société». Même dans les plus grandes villes, la même tendance se remarque, et, à Paris, à Vienne, à Londres, partout, en dépit des progrès de la démocratie, la classe réputée encore la plus brillante, sinon la plus haute, recherche les occasions où ses fragments déjà très volumineux se rencontrent et se rejoignent pour se souder.

Ainsi, à part beaucoup d'exceptions, la règle générale est que le volume des sociétés est en raison inverse de l'importance numérique de la classe à laquelle elles appartiennent ; elles sont d'autant plus volumineuses que leurs membres font partie d'une classe moins nombreuse. De la plèbe à l'élite, la pyramide sociale va en se rétrécissant pendant que les sociétés vont s'élargissant. -Cela s'explique par la supériorité des loisirs, des connaissances, des sujets de conversation communs à mesure qu'on gravit l'escalier social ; et cela montre en même temps l'aspiration constante du prétendu mosonéisme des salons.

Gabriel Tarde

progrès social à étendre le plus possible la communion des esprits, leur mutuelle visitation et pénétration. Car c'est en causant que les esprits s'entre-visitent et s'entre-pénètrent.

Les sujets de conversation varient d'une couche sociale à l'autre. Dans les petits cercles de paysans réunis à la veillée, de quoi parle-t-on ? Un peu plus de la pluie et du beau temps que nulle part ailleurs, parce que ce thème, nullement oiseux ici, se lie aux espérances ou aux menaces de la récolte prochaine. Aux périodes électorales seulement, on parle politique. On s'occupe des voisins, on suppute leurs revenus, on potine. Ce côté professionnel et personnel des causeries est encore ce qui domine dans les conversations d'ouvriers et de petits commerçants, mais la politique considérée suivant les aspects du journal du jour remplace la pluie et le beau temps comme sujet fondamental. La météorologie politique s'est substituée à la météorologie céleste, ce qui est un progrès social. Déjà les hommes d'affaires et les médecins, quoique aimant à parler parfois de leur métier, s'en délivrent souvent l'esprit pour hasarder, quelques considérations d'ordre philosophique ou scientifique [1].

1 Il n'en a pas toujours été ainsi, et plus nous remontons dans le passé, plus nous voyons les gens, même des classes moyennes, s'enfermer dans leurs préoccupations personnelles. Dans une de ses lettres à Mlle de Robinan (1614), Mlle de Scudéry raconta plaisamment un voyage qu'elle a fait en coche et la conversation qui s'y est engagée entre ses compagnons de voyage, à savoir, un jeune partisan (financier), un mauvais musicien, une bourgeoise de Rouen venant perdre un procès à Paris, une épicière de la rue Saint-Antoine et une chandelière de la rue Michel-le-Comte, désireuse de voir «la mer et le pays», un jeune écolier revenant de Bourges prendre ses licences, un bourgeois poltron, un «bel esprit de basse Normandie qui disait plus de pointes que M. l'abbé de Franquetot n'en disait quand elles étaient à la mode, et qui, voulant railler toute la compagnie, en donnait plus de sujet que tous les autres». Or, tous ces gens-là, quand ils se mettent à causer parlent chacun de ses occupations personnelles ou professionnelles. Le partisan «en revient toujours au sol par livre». Le musicien veut toujours chanter. La chandelière pense à sa boutique. «Le jeune écolier ne parle que du droit écrit, de coutume de Cujas» à tout propos. «Si l'on parlait de belles femmes, il disait que Cujas avait une belle fille». En somme, on voit clairement que ce dialogue n'était qu'un entrelacement de monologues et qu'il n'y intervint pas de sujets généraux propres à intéresser tous les interlocuteurs à la fois, point de «conversation générale». - De nos jours, grâce aux journaux, ces sujets généraux existent toujours entre les interlocuteurs les plus différents par la classe et la profession. Ils n'existent que trop parfois. - Aussi, Mlle de Scudéry appelle-t-elle une *mauvaise compagnie,* cette réunion hétéroclite de voyageurs. À son époque, en effet, pour goûter le charme d'une *conversation générale* d'un intérêt commun à tous les causeurs, il fallait vivre en une coterie close et murée, composée de gens de même

Chapitre II : L'opinion et la conversation

Enfin, il faut arriver aux sociétés les plus cultivées pour voir se réduire au minimum les entretiens tirés de la profession et de la politique courante, et la causerie rouler sur des idées générales suggérées réciproquement par des lectures, des voyages, une instruction première étendue et solide, des réflexions personnelles.

En ce qui concerne ces derniers groupes, la Presse quotidienne, on le voit, cesse d'être le métronome et le pilote le plus habituel des conversations, ou du moins son action suggestive est moins immédiate, sinon moins profonde. Elle ne les alimente directement que les jours où quelque nouvelle sensationnelle, quelque question obsédante remplit les journaux. Hors de là, l'entretien s'émancipe, suit un cours imprévu, exhume des sujets exotiques, et de la sorte, fait de la «société» des gens *surcultivés* un cercle magique qui s'étend sans cesse dans l'espace et dans le temps, reliant entre elles toutes les élites des nations civilisées et les rattachant ensemble aux «honnêtes gens du passé de chacune d'elles [1].

Ces «honnêtes gens» de tous les temps, type exemplaire de la sociabilité consommée, se reconnaissent à l'inépuisable richesse de thèmes d'entretien toujours nouveaux que leur fournit, avant tout, une instruction commune et générale, couronnement

---

classe, de même éducation, comme l'Hôtel de Rambouillet. Cela nous explique le charme intense de ces asiles de l'esprit. La Fontaine aussi, dans ses lettres à sa femme, nous dit un mot des conversations de ses compagnons de voyage en coche. On voit qu'elles ont été bien insignifiantes, sauf une controverse animée entre catholiques et protestants à propos des dogmes.

1 Il est probable, en effet, que, si les précieuses du XVIIe siècle pouvaient renaître et, naturellement, se remettre à causer, leur conversation nous intéresserait. À coup sûr, elle aurait le plus grand intérêt pour nos féministes. Dans leurs réunions, d'après l'abbé de Pure, «on examine à qui, des sciences ou de la poésie, est due la prééminence. On agite la question de savoir si l'histoire doit être préférée aux romans ou les romans à l'histoire. On demande quelle est la liberté dont les femmes jouissent et ont droit de jouir dans la société et dans la vie conjugale. La liberté préconisée à cette occasion est plus près de la domination que de l'indépendance. Il semble, dit la discoureuse, que les soupçons du mari donnent à la femme le droit de faillir. - Une précieuse fait l'éloge de Corneille, une autre préfère Benserade, poète plus galant et homme de cour. Une troisième prend le parti de Chapelain. Chez les Scudéry, on disserte sur Quinault... Il arrive une autre fois qu'une précieuse pleure un ami *et se met tout à coup à disserter sur la douleur.* Elle prétend que la douleur doit avoir pour objet de faire revivre le plaisir qu'on a goûté avec le défunt. Une antagoniste s'élève contre ce système dans lequel elle trouve de la barbarie ... «

Gabriel Tarde

lumineux d'une instruction spéciale et technique. Je ne veux pas, en trois mots, trancher à ce propos un problème aussi grave et aussi anxieux que celui de la réforme des études classiques; mais je me permets d'observer que, si l'on avait pris garde à l'immense importance sociale de la conversation, on n'aurait pas manqué d'y puiser un argument assez solide, un argument en tout cas digne d'être examiné, en faveur du maintien de la culture traditionnelle dans une large mesure.

On aurait vu que le principal avantage de l'étude des langues et des littératures anciennes est non seulement d'entretenir la parenté sociale des générations successives, mais d'établir à chaque époque un lien intellectuel et spirituel étroit entre toutes les fractions de l'élite nationale, ou même entre les élites de toutes les nations, et de permettre à tous leurs membres de causer ensemble avec intérêt, avec plaisir, à quelque profession qu'ils appartiennent et de quelque classe ou de quelque pays qu'ils proviennent.

Supposez que l'étude du latin et des auteurs latins, ainsi que l'étude de la philosophie et de l'histoire de la philosophie, fût brusquement supprimée dans les écoles françaises : avant peu une solution de continuité se produirait dans la trame de l'esprit français, les nouvelles générations cesseraient d'appartenir à la même *société* que leurs aînées ; et les diverses catégories professionnelles de français, médecins, ingénieurs, avocats, militaires, industriels, exclusivement instruits en vue de leur métier, seraient *socialement* étrangers les uns aux autres. Ils n'auraient plus d'autre intérêt commun, et, par suite, d'autre conversation commune, que les questions sanitaires, la pluie et le beau temps, ou la politique journalière. C'est pour le coup que «*l'âme* de la France» serait rompue, non pas en deux mais en cent morceaux.

je sais bien que, aux yeux des économistes d'ancienne école, l'avantage d'avoir, entre gens cultivés, un même filon de conversation à exploiter, doit être la plus improductive des futilités. Causer, pour eux, c'est perdre son temps, et il est certain que, si toute la vie sociale doit converger vers la production à outrance, vers la production pour la production, la parole n'a droit d'être tolérée qu'à titre de moyen d'échange. Mais une société qui réaliserait cet idéal, où l'on ne se parlerait que pour une affaire à traiter, achat, prêt, alliance, aurait-elle rien de vraiment social? Plus de littérature alors, plus d'art, plus de joie à discourir entre amis, même en dînant. Les repas silencieux, un buffet entre deux trains rapides, une vie affairée et muette : si l'on repousse cette perspective, si l'on songe au besoin essentiel que nous avons tous de nous comprendre de mieux en mieux les uns les autres pour nous aimer et nous excuser de plus en plus, et si l'on accorde que la satisfaction de ce besoin profond est, en somme, le fruit le plus haut et le plus savoureux de la civilisation, on reconnaîtra le devoir capital, pour les gouvernements, de ne rien faire qui puisse entraver l'extension des relations inter-spirituelles, de tout faire pour la favoriser.

Après avoir parlé des variétés de la conversation, de ses transformations et de ses causes, disons quelques mots de ses effets, sujet que nous avons à peine effleuré. Classons ses effets, de peur d'en omettre aucun d'important, d'après les différentes grandes catégories de rapports sociaux. Au point de vue linguistique, elle conserve et enrichit les langues, si elles n'étend pas leur domaine territorial; elle suscite les littératures et, en particulier, le drame. Au point de vue religieux, elle est le moyen d'apostolat le plus fécond, elle répand les dogmes et le scepticisme tour à tour. Ce n'est pas tant par les prédications que par les conversations que les religions s'établissent ou s'affaiblissent. Au point de vue politique, la conversation est, avant la presse, le seul frein des gouvernements, l'asile inexpugnable de la liberté ; elle crée les réputations et les prestiges, elle dispose de la gloire, et par elle, du pouvoir. Elle tend à égaliser les causeurs en les assimilant et détruit les hiérarchies à force de les exprimer. Au point de vue, économique, elle uniformise les jugements sur l'utilité des diverses richesses, crée et précise l'idée de valeur, établit une échelle et un système de valeurs. Ainsi, ce bavardage superflu, simple perte de temps aux yeux des économistes utilitaires, est, en réalité, l'agent économique le plus indispensable, puisque, sans lui, il n'y aurait pas d'opinion, et, sans opinion, point de valeur, notion fondamentale de l'économie politique, et, à vrai dire, de bien d'autres sciences sociales.

Gabriel Tarde

Au point de vue moral, elle lutte continuellement, et avec succès le plus souvent, contre l'égoïsme, contre le penchant de la conduite à poursuivre des fins tout individuelles ; elle trace et creuse, l'opposant à cette téléologie individuelle, une téléologie toute sociale en faveur de laquelle, par la louange et le blâme distribués à propos et contagieusement répandus, elle accrédite des illusions salutaires ou des mensonges conventionnels. Elle contribue, par la mutuelle pénétration des esprits et des âmes, à faire germer et progresser la psychologie non pas individuelle précisément, mais avant tout sociale et morale. Au point de vue esthétique, elle engendre la politesse, par la flatterie unilatérale d'abord, puis mutualisée ; elle tend à accorder les jugements du goût, y parvient à la longue et élabore ainsi un art poétique, un code esthétique, souverainement obéi à chaque époque et dans chaque pays. Elle travaille donc puissamment à l'œuvre de la civilisation, dont la politesse et l'art sont les conditions premières.

M. Gidding, dans ses *Principes de sociologie,* dit un mot de la conversation, et un mot important. D'après lui, quand deux hommes se rencontrent, la conversation qu'ils ont ensemble n'est qu'un complément de leurs regards réciproques par lesquels ils s'explorent et cherchent à savoir s'ils appartiennent à la même espèce sociale, au même groupe social.

«Nous chérissons, dit-il, l'illusion qui nous fait croire que nous causons parce que nous nous soucions des choses dont nous parlons, tout comme nous chérissons cette illusion, la plus douce de toutes, la croyance en l'art pour l'art. La vérité, c'est que toute expression, par le vulgaire et par l'artiste, et toute communication, depuis la conversation accidentelle de l'entrée en relations jusqu'aux profondes intimités d'un amour vrai, ont leur source dans la passion élémentaire de se connaître et de se faire connaître mutuellement, de définir la conscience d'espèce». Que les premières conversations de deux inconnus qui se rencontrent, aient toujours le caractère indiqué par Giddings, c'est déjà contestable, quoique ce soit vrai dans beaucoup de cas. Mais il est certain que les conversations ultérieures qu'ils ont entre eux, une fois leur mutuelle connaissance faite, ont un caractère tout autre. Elles tendent à les associer l'un

Chapitre II : L'opinion et la conversation

à l'autre, ou à fortifier leur association s'ils appartiennent déjà à la
même société. Elles tendent, par suite, à faire naître et à accentuer,
à étendre et à approfondir la *conscience d'espèce,* non simplement
à la définir. Il ne s'agit pas de mettre à nu ses bornes, mais de les
reculer sans cesse.

Revenons sur quelques-uns de ces effets généraux. Quand un
peuple civilisé retombe, par le retour de l'insécurité, par la rupture
des ponts, la désuétude des routes, des lettres, des liens sociaux, dans
la barbarie, il devient relativement muet. On y parlait beaucoup,
en prose et en vers, par parole et par écrit; on n'y parle presque
plus. À quel point on aimait à causer, au moment où l'Empire allait
finir, on peut s'en faire une idée par divers passages de Macrobe,
contemporain de Théodose le jeune. Dans ses Saturnales (tout
en dialogues, comme on sait) un des interlocuteurs dit à l'autre :
«traite ton esclave avec douceur, admets-le gracieusement dans la
conversation.» Il blâme l'usage, rare, ce semble, à son époque, de
ceux qui ne permettent pas à leur esclave de causer avec eux en les
servant à table. - Ailleurs, un de ses personnages dit : «Durant tout
le cours de ma vie, Décius, rien ne m'a paru mieux que d'employer
les loisirs que me laisse la plaidoirie à converser dans la société
d'hommes instruits, tels que toi, par exemple. Un esprit bien dirigé
ne saurait trouver de délassement plus utile et plus honnête qu'un
entretien où la politesse orne l'interrogation aussi bien que la
réponse». Cette dernière phrase, il est vrai, sent déjà la barbarie
qui s'approche; à moins que ce goût pour une conversation un
peu trop pompeuse et verbeuse, dont Horace se fût moqué, ne
s'explique par les habitudes oratoires de cet avocat.

Le paysan isolé se tait; le barbare, dans sa maison forte, dans sont
trou de rocher, ne dit mot. Quand il parle, par hasard, c'est pour
faire un discours. N'est-ce pas par ce fait si simple qu'il convient
d'expliquer la décomposition du latin et la naissance des langues
néolatines ? Si les cités gallo-romaines avaient continué à subsister
et à communiquer entre elles après la chute du trône impérial
comme elles l'avaient fait auparavant, on n'aurait probablement
jamais cessé de parler latin sur tout le territoire de l'Empire. Mais,
à défaut de ce perpétuel exercice de la parole dans un domaine

immense, et dans les conditions les plus variées, qu'exigeait la conversation d'un idiome si riche et si compliqué, il devait arriver inévitablement que la plupart des mots périssent, devenus sans objet, et que le sentiment délicat des nuances de la déclinaison et de la conjugaison se perdît et s'oblitérât parmi des laboureurs, des pâtres, des barbares condamnés à l'isolement par le défaut de voies bien entretenues et de relations bien réglées. Alors qu'arrivait-il ? Quand ces êtres d'ordinaire muets se trouvaient avoir à se communiquer quelque idée, toujours grossière, leur langue rouillée se refusait à leur fournir une expression précise, et une expression confuse les satisfaisait pleinement; le rétrécissement de leur dictionnaire entraînait la simplification de leur grammaire; les mots latins, les tournures et les désinences latine, ne s'offraient à leur mémoire que mutilés et corrompus, et ils devaient faire, pour être compris, des efforts d'ingéniosité d'autant plus grands qu'ils avaient davantage perdu l'habitude de parler avec correction et facilité. L'homme, donc, se retrouvait presque dans l'état où il s'était trouvé dans les âges préhistoriques, où ne parlant pas encore, il avait dû, à force d'ingénieuses tentatives aussi, et en concentrant sur la satisfaction du besoin urgent de communication mentale toutes ses ressources géniales, inventer brin à brin la parole. C'est ainsi que, d'une foule d'innovations imaginées par les hommes du VIIe au Xe siècle, pour se faire comprendre facilement, jaillirent les langues romanes. C'est faute de conversations multipliées et variées que le latin s'est décomposé et que le germe des langues néo-latines a commencé à poindre, et c'est, plus tard, par le retour à la vie de société, de conversations habituelles, que les langues néo-latines ont grandi et fleuri. N'en a-t-il pas été de même de toute décomposition ou genèse d'idiome ?

Si la désuétude des conversations décompose les langues cultivées ou les abâtardit, la reprise des relations sociales et des causeries qui les accompagnent nécessairement est la cause première de la formation des langues nouvelles. Aussi cette œuvre de création est-elle lente ou rapide suivant qu'elle s'opère dans un pays de population très clairsemée et très morcelée ou dans une région relativement très peuplée et très centralisé. C'est ce contraste que nous présente l'Angleterre du moyen âge comparée aux peuples néo-latins. Et

Chapitre II : L'opinion et la conversation

n'est-ce pas ce contraste qui peut servir à expliquer pourquoi il a fallu tant de siècles aux dialectes français pour se former à celui de l'Ile-de-France pour s'imposer à toutes les provinces françaises ; tandis que la langue anglaise s'est créée et s'est répandue avec une rapidité qui émerveille les linguistes ? C'est que, comme l'a signalé M. Boutmy, entre autres historiens, la centralisation du pouvoir s'est établie dans la Grande-Bretagne beaucoup plus tôt que chez nous, et, aidée en cela par l'emprisonnement insulaire des habitants, a contribué puissamment à leur homogénéité plus précoce. L'imitation assimilatrice y a fonctionné de groupe à groupe avec plus d'intensité qu'en France, et dès le moyen âge. Imagine-t-on tout ce que suppose de conversations multipliées entre les individus, et entre des hommes de rangs, de classes, de comtés différents, la disparition graduelle de patois nombreux ou seulement de deux langues différentes, telle que l'anglo-saxon et le roman devant une seule et même langue qui se crée et se développe en se répandant, qui doit à sa diffusion sa formation même ? Et, de fait, la caractéristique de la vie anglaise au moyen âge, c'est la vie commune de toutes les classes en perpétuel contact et échange d'exemples. - Ajoutons en passant que, là comme partout, l'imitation s'est surtout propagée de haut en bas [1] à partir de ces cours si brillantes où la conversation était déjà si noble et si courtoise; et c'est à la constitution de la hiérarchie anglaise, c'est au rapprochement de ses échelons superposés, assez distincts pour que le prestige du supérieur existât, pas assez séparés pour décourager l'émulation, qu'il faut demander l'explication de cette assimilation si prompte et si profonde.

Le rôle politique de la conversation n'est pas moindre que son rôle linguistique. Il y a un lien étroit entre le fonctionnement de la conversation et les changements de l'Opinion, d'où dépendent les

---

1 On peut voir l'application de cette loi chez les sauvages mêmes. En décrivant les mœurs des sauvages acadiens, Charlevoix *(Histoire de la nouvelle France)* écrit : «Chaque bourgade avait son *sagamo* (chef), indépendant des autres : mais tous entretenaient entre eux une espèce de correspondance qui unissait étroitement toute la nation entre elle. Ils employaient une bonne partie de la belle saison à se visiter, et à tenir des conseils où l'on traitait des affaires générales.» C'est ainsi que l'habitude de causer régulièrement, périodiquement, et de se rendre visite tout exprès, est née chez les chefs de tribus et a contribué, en se propageant, à l'assimilation réciproque des peuplades voisines.

Gabriel Tarde

vicissitudes du Pouvoir. Là où l'Opinion change peu, lentement, reste presque immuable, c'est que les conversations sont rares, timides, tournant dans un cercle étroit de commérages. Là où l'Opinion est mobile, agitée, où elle passe d'un extrême à l'autre, c'est que les conversations sont fréquentes, hardies, émancipées. Là où l'Opinion est faible, c'est que l'on cause sans animation ; là où elle est forte, c'est qu'on discute fort ; là où elle est violente, c'est qu'on se passionne en discutant; là où elle est exclusive, exigeante, tyrannique, c'est que les causeurs sont en proie à quelque obsession collective; là où elle est libérale, c'est que les entretiens sont variés, libres, tout nourris d'idées générales.

Ce lien intime entre l'opinion et la conversation est tel, qu'il peut nous permettre de suppléer, dans certain cas, à l'absence de documents sur celle-ci, quand celle-là nous est connue. Nous avons eu de renseignements sur la conversation des âges passés ; mais nous en avons quelques-uns sur le point de savoir dans quelle mesure l'opinion a exercé une influence décisive, ici ou là, dans telle nation ou dans telle autre, dans telle ou telle classe, sur les décisions du pouvoir politique ou judiciaire. Nous savons, par exemple, que les gouvernements d'Athènes ont été, bien plus que ceux de Sparte, des gouvernements d'Opinion ; d'où nous serions en droit de conclure, si nous n'en étions informés d'ailleurs, que les Athéniens étaient bien plus bavards que les Lacédémoniens. Sous Louis XIV, l'opinion de la cour influait beaucoup, beaucoup plus qu'on ne le croit, sur les décisions du monarque, qui la subissait inconsciemment ; l'opinion *de la ville* ne comptait guère, et celle des provinces pas du tout. Cela signifie que l'on causait beaucoup, à la cour, des affaires publiques, peu à la ville, et encore moins dans le reste de la France. Mais, au moment de la Révolution, ces proportions sont renversées, parce que l'exemple de la conversation politique, donné en haut, est peu à peu descendu jusqu'au fond des campagnes.

L'évolution du Pouvoir s'explique donc par l'évolution de l'Opinion qui s'explique elle-même par l'évolution de la conversation, qui s'explique à son tour par la série de ses sources différentes : enseignements de la famille, école, apprentissage, prédications, discours politiques, livres, journaux. Et la presse périodique s'alimente des informations du monde entier qui roulent sur tout ce qui se produit d'exceptionnel, de génial, *d'inventif, de* nouveau. Les journaux sont plus ou moins intéressants, ils sont suggestifs en tel ou tel sens d'après la nature et la couleur des nouveautés qui apparaissent et qu'ils signalent. Et parmi ces innovations dont la presse se nourrit, il faut citer en premier lieu les actes du pouvoir, la série des faits politiques.

De telle sorte que, en fin de compte, les actes mêmes du pouvoir, triturés par la presse, remâchés par la conversation, contribuent pour une large part à la transformation du Pouvoir. Mais le pouvoir aurait beau agir, si ses actes n'étaient divulgués par la presse et commentés par la conversation, il n'évoluerait pas, il se maintiendrait identique, sauf les modifications, les renforcements ou les affaiblissements qui lui viendraient des innovations d'autres sortes, religieuses et économiques notamment, quand elles seraient généralisées et vulgarisées. Là où le Pouvoir est resté très stable, nous pouvons, en général, être assurés que la conversation a été très timide et très close [1]. Donc, pour rendre au pouvoir sa stabilité de jadis, des époques primitives où l'on ne causait pas en dehors du cercle étroit de famille, il faudrait commencer par instituer le *mutisme universel.* Dans cette hypothèse, le suffrage universel lui-même serait impuissant à rien démolir.

Ce ne sont pas tant les conversations et discussions parlementaires qu'il importe, politiquement, de considérer, que les conversations et discussions privées. C'est là que le pouvoir s'élabore, tandis que, dans les Chambres des députés et dans leurs couloirs, le pouvoir s'use et souvent se déconsidère. Quand les délibérations des parlements sont sans écho, et que la presse ne les divulgue pas,

---

1 Au temps de Bacon, la conversation naissait en Angleterre, et il consacre à ce sujet un court passage de ses *Essais de morale et de politique, où il y a,* non des *constatations générales* qui nous intéresseraient beaucoup, mais des *conseils généraux* qui nous intéressent moins. Si nous en jugeons d'après ceux-ci, les conversations anglaises devraient être alors - beaucoup plus que celles du continent, bouleversé par les guerres de religion - d'une extrême timidité. «À l'égard de la plaisanterie, dit-il, il y a des choses qui ne doivent jamais en être le sujet : par exemple, *la religion, les affaires d'État, les grands hommes, les personnes constituées en dignité* (les hauts fonctionnaires comme lui ...)», etc.

Gabriel Tarde

elles n'ont presque aucune influence sur la valeur politique d'un homme au pouvoir. Ce qui se passe dans ces lieux fermés n'a trait qu'au déplacement du pouvoir, mais nullement à sa force et à son autorité réelle. Les cafés, les salons, les boutiques, les lieux quelconques où l'on cause, sont les vraies fabriques du pouvoir. Ne pas oublier cependant que ces fabriques-là ne pourraient fonctionner si la matière première qu'elles mettent en œuvre, les habitudes de docilité et de crédulité créés par la vie de famille, par l'éducation domestique, n'existaient pas. Le pouvoir sort de là comme la richesse sort des manufactures et des usines, comme la science sort des laboratoires, des musées et des bibliothèques, comme la foi sort des écoles de catéchisme et des enseignements maternels, comme la force militaire sort des fonderies de canon et des exercices de caserne.

Supposez les citoyens français enfermés dans des prisons cellulaires et restant livrés à leurs réflexions propres, sans nulle influence réciproque, et allant voter... Mais ils ne pourraient pas voter! En fait, ils n'auraient, la plupart d'entre eux du moins, aucune préférence pour Pierre ou pour Paul, pour tel programme ou pour tel autre. Ou bien, s'ils avaient chacun son idée propre, ce serait un beau gâchis électoral.

Certes, si un homme d'État, un Mirabeau, un Napoléon, pouvait être *personnellement* connu de tous les Français, il n'aurait pas besoin de la conversation pour fonder son autorité, et les Français auraient beau être muets, ils n'en seraient pas moins, en grande majorité, fascinés par lui. Mais, comme cela ne se peut, il est nécessaire, dès que l'étendue de l'État a dépassé les limites d'une petite ville, que les hommes causent entre eux pour créer sur eux le prestige qui doit les régir. - Au fond, les trois quarts du temps, on obéit à un homme parce qu'on le voit obéi par d'autres. Les premiers qui ont obéi à cet homme ont eu ou ont cru avoir leurs raisons : ils ont eu foi, à cause de son âge avancé, ou de sa naissance illustre, ou de sa force corporelle, ou de son éloquence, ou de son génie, en sa vertu protectrice et directrice. Mais cette foi, qui est née chez eux spontanément, ils l'ont communiquée par leurs propos à ceux qui, après eux, ont eu foi à leur tour. C'est en causant des actes d'un homme qu'on le rend notoire, célèbre, illustre, glorieux; et, une fois parvenu au pouvoir par la gloire, c'est par des entretiens sur ses plans de campagne ou ses décrets, sur ses batailles ou ses actions gouvernementales, qu'on fait grandir ou décroître sa puissance.

Dans la vie économique surtout la conversation à une importance fondamentale, que les économistes ne semblent pas avoir remarquée. La conversation, échange d'idées - ou plutôt don réciproque ou unilatéral d'idées - n'est-elle pas le préambule de l'échange des services ? C'est par la parole d'abord, en causant, que les hommes d'une même société se communiquent les uns aux autres leurs besoins, leurs désirs de consommation ou, aussi bien, de production. Il est extrêmement rare que le désir d'acheter un objet nouveau prenne naissance à sa vue sans que des conversations l'aient suggéré. Ce cas se produit quand, par exemple, un navigateur abordant une île inconnue, se voit entouré de sauvages, qui, sans lui parler, puisqu'ils ne connaissent pas plus sa langue qu'il ne connaît la leur, sont éblouis par les verroteries exhibées par lui et les lui acquièrent en donnant des aliments ou des fourrures. A ces exceptions près, l'influence de la conversation est capitale pour la naissance, encore plus pour la propagation des besoins, et sans elle, il n'y aurait jamais de prix fixe et uniforme, condition première de tout commerce un peu développé, de toute industrie un peu prospère.

Les rapports de la conversation avec la psychologie sociale et morale sont évidents aux XVIIe siècle français, mais ce n'est pas seulement là qu'ils sont apparents. Horace, dans l'une de ses satires, vante la vie qu'il mène à sa maison des champs. Là il reçoit souvent à sa table ses amis. «Chaque convive, affranchi des lois de l'étiquette, vide à son choix des coupes grandes ou petites. Là s'engage une conversation non sur des voisins pour en médire, ni sur leurs propriétés pour les envier, ni sur le talent de Lépos dans l'art de la danse ; mais nous nous entretenons de sujets qui nous intéressent davantage et qu'il est honteux d'ignorer : est-ce la vertu, sont-ce les richesses, qui rendent l'homme heureux? Faut-il, dans ses liaisons, se régler sur ce qui est utile ou ce qui est honnête ? Quelle est la nature du bien ? En quoi consiste le souverain bien ? Cependant, avec à-propos, Cervius mêle à ces graves entretiens quelque conte de bonne femme». Par là nous voyons que les conversations à la mode parmi les gens distingués du siècle d'Auguste ressemblaient par un trait important à celles des «honnêtes gens» de notre XVIIe siècle : elles roulaient aussi sur des généralités morales, quand ce n'était pas sur des jugements littéraires. Seulement, la morale agitée par les contemporains d'Horace, épicuriens teintés de stoïcisme, est une morale individuelle plus que sociale, car c'est à fortifier, à assainir l'individu pris à part, détaché de son groupe, que sont attachés les sectateurs de Zénon aussi bien que d'Épicure. Au contraire, les questions soulevées par les chrétiens mondains et moralistes du temps de Louis XIV ont trait à la morale sociale avant tout.

Mme de la Fayette écrit à Mme de Sévigné que, pendant un après-dîner, toute sa conversation avec Mme Scarron et l'abbé Testu, et d'autres interlocuteurs, a roulé «sur les personnes qui ont le goût au-dessus et au-dessous de leur esprit». «Nous nous jetâmes, dit-elles, dans des subtilités où nous n'entendions plus rien». Quel intérêt, demandera-t-on de nos jours, peut-on trouver à traiter des sujets si vagues? Mais c'est oublier que, à cette époque, dans les milieux aristocratiques où la sociabilité atteignait son plus haut point d'éclat, rien n'était plus à propos que d'éclaircir, de préciser, de débrouiller dans la mesure du possible la psychologie sociale, encore innommée. Le XVIIe siècle, dans ses conversations entre honnêtes gens, n'a jamais paru se soucier beaucoup de psychologie individuelle. Un roman de Bourget eût fait bâter Mme de Lafayette et Larochefoucauld. Ce qui les intéressait et devait les intéresser bien davantage, c'était l'étude des rapports inter - spirituels, et ils faisaient beaucoup d'inter - psychologie sans le savoir. Lisez La Bruyère, lisez les portraits que nous trace des personnages de son temps Bussy-Rabutin, ou tout autre écrivain : il ne s'agit jamais de caractériser un homme par ses rapports avec la nature ou avec soi-même, mais uniquement par ses relations sociales avec d'autres hommes, par l'accord ou le désaccord de ses jugements sur le beau avec les leurs (goût), par son aptitude à leur plaire en disant une anecdote piquante, en écrivant une lettre bien tournée (esprit), etc.

Chapitre II : L'opinion et la conversation

il est naturel que les hommes en commençant à psychologiser aient fait de la psychologie sociale, et il se comprend aussi qu'ils en aient fait sans le savoir, puisqu'ils ne pouvaient s'en faire une idée précise que par opposition avec la psychologie individuelle.

Celle-ci ne s'est développée au XVIIe siècle que par un côté original du reste et important, le mysticisme. Encore faut-il observer que les états délicieux ou languissants de l'âme, peints de touches si vives dans les lettres spirituelles de Fénelon et de bien d'autres mystiques du temps, sont sentis par eux comme une sourde et interne conversation avec l'interlocuteur divin, avec l'ineffable consolateur caché dans l'âme. À vrai dire, la vie mystique, sous l'ancien régime, est quelque peu faite à l'image du «monde». Dieu y fait des visites à l'âme, il lui parle, elle lui répond. La grâce, n'est-ce pas la joie et la force que donne une voix aimée qui vous parle en dedans et vous réconforte ? Les périodes de sécheresse et de langueur, dont se plaignent les «spirituels», sont les intervalles, parfois très longs, des visites et des conversations de l'hôte ineffable.

Une autre branche tout à fait à part de la psychologie sociale, et qui se rattache aussi intimement à l'individuelle, c'est la psychologie sexuelle, à laquelle le auteurs dramatiques et les romanciers se sont consacrés spécialement, et qui joue un rôle d'autant plus envahissant dans les conversations qu'elles sont plus civilisées. Elle n'est pas sans quelque lien avec la psychologie mystique.

La conversation est mère de la politesse. Il en est ainsi même quand la politesse consiste à ne pas causer. Rien ne paraît plus singulier, plus contre nature à un provincial débarqué à Paris, que d'y voir les omnibus pleins de gens qui s'abstiennent avec soin de se parler. Le silence entre inconnus qui se rencontrent paraît naturellement une inconvenance comme le silence entre personnes qui se connaissent est un signe de mésintelligence. Tout paysan bien élevé se fait un devoir de «tenir compagnie» à ceux avec qui il chemine. En réalité, ce n'est pas que le besoin de conversation soit plus fort dans les petites villes ou aux champs que dans les grandes. Au contraire, il semble croître en raison directe de la densité de la population et du degré de civilisation. Mais c'est précisément à cause de son intensité dans les grandes villes qu'on a dû y établir des digues contre le danger d'y être submergé sous le flot des paroles indiscrètes.

Il faut être arrivé à un haut degré d'intimité affectueuse pour pouvoir se permettre, quand on est deux amis ensemble, de garder longtemps le silence. Entre amis qui ne sont pas très intimes, entre indifférents qui se rencontrent dans un salon, la parole étant le seul lien social, dès que cet unique lien vient à se rompre, un grand danger apparaît, le danger de voir se révéler le mensonge des politesses, l'absence totale d'un attachement profond en dépit des marques extérieures d'amitié. Ce silence glacial, quand il apparaît, consterne comme un déchirement de voiles pudiques, et on fait tout pour l'éviter. On jette, dans le feu de la conversation qui va s'éteindre, tout ce qui vous vient à l'esprit, ses secrets les plus chers, ce qu'on aurait le plus intérêt à ne pas dire, comme, au moment d'un naufrage, on jette à la mer ses colis les plus précieux pour retarder la submersion. Le silence, au milieu d'une conversation de salon, c'est l'engouffrement du navire au milieu de l'océan.

De la conversation sont nés les compliments aussi bien que les injures. En causant, les hommes se sont aperçus que leur bonne opinion d'eux-mêmes n'était point partagée par autrui et réciproquement.

L'illusion vaniteuse d'autrui, lorsqu'il s'agissait d'un égal, on pouvait la railler, la combattre durement en injuriant l'adversaire ; encore l'expérience apprenait-elle à éviter les conflits provoqués par ces accès de franchise. Mais quand il s'agissait d'un supérieur, d'un maître, il était prudent de flatter cette chimère. De là les compliments qui, peu à peu, s'atténuant à la fois et se mutualisant, et se généralisant sous cette forme réciproque, sont devenus le fond de l'urbanité. ils commencent toujours par être intéressés et ne deviennent désintéressés qu'à la longue. Je me demande si ce que les Hindous ont dit sur la toute-puissance de la prière ne s'explique pas par le pouvoir enivrant de l'éloge sur des âmes naïves. La prière, avant tout, c'est l'éloge hyperbolique. - La nature des compliments va changeant. En Chine, pour complimenter quelqu'un, on lui dit qu'il a l'air vieux; chez nous, qu'il a rajeuni. Au moyen âge, c'était faire à un jeune religieux, posant pour les mortifications sanctifiantes, l'éloge le plus délicat, que de lui dire qu'il était maigre et décharné. - Y a-t-il un sens perceptible à l'évolution des compliments comme à celle des insultes ? En comparant les invectives des héros d'Homère à celles des journaux diffamateurs, on dirait que le vocabulaire des insulteurs s'est plutôt enrichi que transformé. À tous les défauts physiques, maladies, difformités, qu'on imputait jadis à ses ennemis, sont venus s'ajouter simplement les vices de la civilisation, les dépravations raffinées, les anomalies intellectuelles qu'on leur prête aussi, qu'on leur prodigue. Mais ces injures publiques de la presse comme ses éloges sont chose à part, bien différente des injures et des éloges en usage dans les relations privées, et ont dû garder quelque chose de leur hyperbolisme primitif. Tout ce qui s'adresse à ce personnage grossier, le public, exige des couleurs criardes et grossières aussi : affiches murales, programmes électoraux, polémiques de presse. Il n'en est pas moins vrai que, comparées aux polémiques entre savants du XVIe siècle, celles de nos journaux les plus violents, conservatoires de l'injure, sont bien édulcorées. Quant aux insultes privées leur adoucissement a été bien plus rapide encore, elles ont passé de la brutalité homérique à la plus discrète ironie, et, au lieu de porter surtout sur des défauts physiques, elles mettent l'accent de plus en plus sur des insuffisances intellectuelles ou des indélicatesses morales. Ce double progrès est certainement irréversible.

Ces deux mêmes caractères se remarquent dans l'évolution de l'éloge, et avec une égale apparence d'irréversibilité. À coup sûr, aucun monarque, aucun grand homme de nos jours, ne supporterait les éloges extravagants que les pharaons se faisaient adresser par leurs prêtres, ou que Pindare déversait à flots sur la tête couronnée des athlètes. Le ton des épîtres dédicatoires dans les livres d'il y a deux siècles encore nous fait sourire. Si l'on compare les conversations et les discussions privées à celles du passé, du XVIIIe, du XVIIe et du XVIe siècle, dont il reste des échantillons, on constate sans peine que la part du compliment direct, comme de l'injure franche, a été en déclinant; ces lourdes pièces se sont divisées et subdivisées en menue monnaie très fine: D'autre part, la nature de ces compliments plus voilés n'a pas moins changé que celle de ces aménités déguisées. On a commencé à louer surtout la force physique de la divinité (voir le livre de Job), puis sa sagesse et son intelligence, enfin sa bonté. On ne reviendra pas en arrière. De même, on a commencé à louer surtout la puissance des rois, puis leur habileté, leur génie d'organisation, enfin leur sollicitude pour les peuples. Tout le lyrisme des poètes complimenteurs, à qui s'adressait-il dans les plus hauts temps de la Grèce ? Aux athlètes encore plus qu'aux artistes. De nos jours, c'est l'inverse, et, malgré l'engouement pour les triomphateurs de *vélodromes* ou de *foot-ball*, il n'y a pas à redouter que cet ordre soit interverti. On peut noter cependant que les compliments à l'adresse des femmes ont évolué presque à l'inverse des précédents. On a loué d'abord les vertus des femmes, leur esprit d'ordre et d'économie, leurs talents comme *tisserandes,* puis comme musiciennes, avant de louer, au moins publiquement, leur beauté physique; maintenant, quand on les loue, c'est encore plus d'être belles que d'être vertueuses ou même d'avoir de l'esprit, mais l'éloge qu'on fait de leur beauté a eu sa petite évolution spéciale qui se ramène à la tendance générale; après avoir vanté leurs formes plus que leur grâce, on vante leur grâce plus que leurs formes.

Considérez deux personnes, hommes ou femmes, qui se font une visite de politesse et qui causent ensemble, Elles évitent avec soin les sujets où elles risqueraient d'être divisées d'opinion; ou, si elles ne peuvent échapper à la nécessité d'y toucher, elles dissimulent le plus possible leur contradiction; elles vont même parfois, le plus souvent, jusqu'à faire le sacrifice partiel de leurs idées pour avoir l'air d'être d'accord. La conversation polie peut donc être regardée, comme un exercice continu et universel de sociabilité, comme un effort unanime et contagieux pour accorder les esprits et les cœurs, pour effacer ou pallier leurs désharmonies. Les causeurs sont animés d'une bonne volonté évidente de vouloir s'harmoniser en tout, et, de fait, ils se *suggèrent* l'un à l'autre inconsciemment, avec une grande force, des sentiments et des idées consonnants. Le caractère réciproque de cette suggestion n'est cependant jamais parfait; d'ordinaire l'action exercée par l'un des interlocuteurs sur l'autre ou sur les autres est prédominante et réduit à peu de chose celle de ceux-ci. Quoi qu'il en soit, il est certain que les usages de la politesse entretenues par les causeries de visites labourent assez profondément le sol où l'unanimité sociale doit fleurir et en sont la préparation indispensable.

La conversation a été le berceau de la critique littéraire [1]. Au XVIIe siècle, comme on peut le voir par la correspondance de Bussy-Rabutin avec son aimable cousine, longue conversation écrite, les causeries de la société polie avaient trait en grande partie au mérite comparé des livres et des auteurs. On échangeait et on discutait des jugements sur les dernières tragédies de Racine, un conte de Lafontaine, une épître de Boileau, un ouvrage janséniste; et, si l'on regarde de près à tous ces entretiens, on voit qu'ils tendaient toujours à s'accorder, après discussions, en une même manière de voir. Il en a été de même en tout temps et quel que fût le sujet dominant des conversations. Spécialement, partout où, dans un certain milieu, on a beaucoup causé littérature, on a travaillé, sans le savoir à l'élaboration collective d'un art poétique, d'un code littéraire accepté de tous et propre à fournir des jugements tout prêts, toujours d'accord entre eux, sur toutes sortes de productions de l'esprit. Aussi, quand on voit quelque part un auteur formuler une législation esthétique de ce genre, soit Aristote, soit Horace, soit Boileau, on peut être assuré qu'il a été précédé par une longue période de conversation, par une vie de société intense. Soyons donc certains qu'on a beaucoup causé littérairement, avant Aristote et de son temps, dans Athènes et le reste de la Grèce, depuis les sophistes; qu'on a beaucoup causé de même à Rome depuis les Scipions, et à Paris depuis les précieuses et avant les précieuses. L'époque de la Restauration a fini aussi par avoir sa poétique romantique, non moins despotique pour être anonyme. De nos jours, il n'y en a pas encore une qui s'impose, mais les éléments s'en préparent, et l'on doit remarquer que le domaine de la conversation, même littéraire, non pas seulement politique et sociale, s'étant beaucoup étendu par le nombre accru des causeurs, l'élaboration du code en voie de gestation sera plus longue qu'aux époques antérieures,

---

1 Effet notable, si l'on songe surtout à l'importance conquise par la critique littéraire à notre époque contemporaine où elle juge tout dans le domaine même de la critique philosophique, de la politique, des idées sociales.

Gabriel Tarde

par la raison que, plus la cuve est grande, plus la fermentation est prolongée. Par la discussion comme par l'échange des idées, par la concurrence et la guerre comme par le travail, nous collaborons tous et toujours à une harmonie supérieur de pensées, de paroles et d'actes, à un équilibre stable de jugements formulés en dogmes littéraires, artistiques, scientifiques, philosophiques, religieux, ou à un équilibre stable d'actions sous forme de lois et de principes moraux. La logique sociale opère, en effet, dans tous les discours et tous les actes des hommes et aboutit nécessairement à ses fins.

Bien loin après la conversation, et bien au-dessous, se place la correspondance épistolaire, comme facteur de l'opinion. Mais ce second sujet, lié par le lien le plus étroit à celui qui précède, ne nous retiendra pas longtemps. L'échange des lettres est une causerie à distance, une causerie continuée malgré l'absence. Par suite, les causes qui favorisent la conversation, - accroissement des loisirs, unification du langage, diffusion des connaissances communes, égalisation des rangs, etc., - contribuent aussi à rendre plus active la correspondance, mais à la condition qu'elles se rencontrent avec des causes plus spéciales d'où celle-ci dépend. Ce sont : la facilité des voyages qui rendent plus fréquents les cas d'absence, la vulgarisation de l'art d'écrire, et le bon fonctionnement du service des postes.

On pourrait croire à première vue, que les voyages, en multipliant les lettres, devaient raréfier les entretiens. Mais la vérité manifeste est que les pays où l'on voyage le plus sont ceux à la fois où l'on cause le plus et où l'on s'écrit le plus. C'est ainsi que le développement des chemins de fer, au lieu d'entraver les progrès de la carrosserie, l'a stimulée. Si les habitudes nomades de nos contemporains interrompent trop souvent, entre vieux amis, entre compatriotes d'une même ville «ces doux babils du crépuscule» *lenes sub nocte susurri*, qui, comme l'écrivait Horace, «se répétaient à l'heure accoutumée», elles permettent à un nombre toujours croissant d'étrangers de se voir et de se parler en des entrevues plus instructives, sinon aussi délicieuses. La curiosité a gagné encore plus que l'intimité n'a perdu, et, si sensible que je sois à cette perte, je m'y résigne en pensant qu'elle ne saurait être que transitoire. Ne peut-on pas poser en principe, - très propre à éclairer notre sujet - que les correspondances écrites, les conversations et les voyages, sont en rapport de liaison étroite, de telle sorte que, si l'on vient à découvrir chez un peuple, à un certain moment, la progression de l'un de ces trois termes, par exemple des voyages, on soit en droit de conclure à la progression des deux autres, et inversement? Les temps où l'on a été le plus *épistolier* j'entends avant l'avènement récent du journalisme, qui a un peu changé les choses à cet égard, comme nous le verrons) sont aussi ceux où l'on a le plus voyagé et le plus causé. Telle a été l'époque de Pline le Jeune. Tel a été aussi notre XVIe siècle. «Le XVIe siècle, dit un historien, est avant tout un siècle d'épistoliers. Le nombre des lettres politiques, de rois, ministres, capitaines et ambassadeurs, conservées dans les manuscrits de la bibliothèque nationale, est incalculable. Il y figure aussi bien des correspondances religieuses et intimes [1] «. En Espagne, si l'on compare ce pays aux autres nations occidentales de l'Europe, on écrit peu. C'est partout et toujours dans les couches de la nation les plus voyageuses que le feu de la conversation s'est allumé et que l'on a éprouvé le besoin de s'écrire : en Grèce, parmi les rhéteurs, les sophistes, marchands ambulants de sagesse, au sein d'un peuple maritime d'ailleurs et instable : à Rome, dans l'aristocratie si volontiers nomade et touriste; au moyen âge, dans les rangs de l'Université et de l'Église, où moines prêcheurs, évêques, légats, abbés et abbesses même (abbesses surtout) se déplaçaient si facilement et voyageaient si loin, eu égard au reste de la population. Les premières postes ont commencé par être un privilège universitaire et ecclésiastique, ou plutôt, pour remonter plus haut, royal d'abord.

De cette institution importante, je ne dirai qu'un mot pour faire remarquer que son développement se conforme à la loi de

---

1 Alors apparaît toute la hiérarchie des formules de politesse et le cérémonial épistolaire. À un supérieur on dit *Monseigneur;* à un égal, *Monsieur.* On débute par : «à votre bonne grâce je me recommande» en écrivant à un grand personnage. On finit par : «suppliant Notre-Seigneur vous donner en parfaite santé et longue vie». Les degrés sont marqués par les mots précédants la signature : «Votre bon serviteur, votre obéissant serviteur, votre humble serviteur» (Décrue de Stoutz). Ajoutons que les lettres, au XVIe siècle, sont, comme les conversations dont elles nous donnent une image exacte, dépourvues de réserve et de goût indiscrètes, indécentes et indélicates au dernier point. Le siècle suivant répandra le sentiment des nuances.

Gabriel Tarde

la propagation des exemples *de haut en bas*. Les rois d'abord et les papes, les princes ensuite et les prélats, ont eu leurs courriers particuliers avant que les simples seigneurs, puis leurs vassaux, puis, successivement, toutes les couches de la nation jusqu'à la dernière, aient cédé à la tentation de s'écrire aussi. Quand, par son édit du 19 juin 1494, Louis XI organisa les Postes, les courriers ne portaient que des lettres du monarque, mais «de spécialement royal qu'il était, dit M. du Camp, ce service ne tarde pas à devenir administratif, sous l'expresse réserve que les lettres avaient été lues et ne contenaient rien qui pût porter préjudice à l'autorité royale». Louis XI savait très bien l'action puissante que la correspondance des particuliers allait exercer sur l'opinion naissante, Pour la première fois sous Richelieu, ce qui montre bien leur progression numérique, les lettres sont soumises à un tarif régulier (1627) [1]. «On peut facilement se rendre compte de l'accroissement extraordinaire que prit ce service en France pendant le XVIIIe siècle, en comparant le prix des baux successifs de la ferme». Il a augmenté de deux millions et demi en 1700 à dix millions en 1777 : il a quadruplé. De nos jours, la statistique des postes permet de chiffrer l'augmentation rapide et continue du nombre des lettres dans les divers États [2], et de mesurer ainsi la hausse inégale, mais partout régulière, du besoin général auquel elles répondent. Elle est bien propre à nous instruire ainsi sur les degrés inégaux et les progrès de la sociabilité.

Mais cette même statistique est aussi un bon spécimen de ce qu'il y a toujours de *qualités* cachées sous les quantités sociales dont la statistique en général est la mesure approximative [3]. En

1 Cependant les *Lettres privées* - car, plus haut, à propos du XVIe siècle, il s'agissait de correspondances d'un intérêt politique - ont dû rester fort peu nombreuses jusqu'au milieu du XVIIe siècle, si l'on en juge par un passage des Mémoires de Mlle de Montpensier, cité par Rœderer. Elle dit de la princesse de Parthénie (Mme de Sablé) : «C'est de son temps que l'écriture a été mise en usage. On n'écrivait que les contrats de mariage; *de lettres, on n'en entendait pas parler...*»

2 En France, par exemple, de 1830 à 1892, le nombre de lettres a grandi d'année en année, *régulièrement* (sauf en 1848 et 1870), de 63 millions de lettres à 773 millions. De 1858 à 1892, le nombre des dépêches télégraphiques s'est élevé de 32 à 463 millions, en chiffres ronds.

3 Si c'était le lieu, je montrerais qu'il n'y a pas moins de qualificatif dissimulé sous les quantités physiques mesurées par des procédés scientifiques, analogues au fond à la statistique et non moins spécieux qu'elle, quoique d'apparence plus solide.

Chapitre II : L'opinion et la conversation

effet, rien de plus semblable extérieurement que les lettres, dans un même temps, et un même pays, et il semble que la condition d'unités homogènes pour les calculs du statisticien ne saurait être mieux remplie. Les lettres ont à peu près même format, même mode d'enveloppe et de clôture, même espèce de suscription. Elle sont maintenant couvertes de timbres-postes identiques. La statistique criminelle et civile est bien loin, certes, de nombrer des unités à ce point similaires. Mais décachetez les lettres, que de différences caractéristiques, profondes et substantielles, malgré la constance des formules sacramentelles du commencement et de la fin! Additionner ces choses si hétérogènes, c'est donc peu de chose. On sait leur nombre, on ne sait pas même leur longueur. Il serait curieux cependant de savoir, au moins, si, à mesure qu'elles deviennent plus nombreuses, elles ne deviendraient pas plus courtes, ce qui semble probable, et plus sèches aussi. Et, s'il existait une statistique des conversations [1], qui serait tout aussi légitime, on aimerait à être informé pareillement de leur durée, qui pourrait bien être, dans notre siècle affairé, en raison inverse de leur fréquence. Les villes où il pleut le plus, où il tombe le plus d'eau du ciel, - qu'on me pardonne ce rapprochement - sont assez souvent celles où il pleut le moins souvent. Il serait surtout intéressant de connaître les transformations intimes de la substance des lettres aussi bien que des conversations, et la statistique ne nous offre ici aucune induction.

A cet égard, il n'est pas douteux que l'avènement du journalisme a imprimé aux transformations épistolaires une impulsion décisive. La presse, qui a activé et nourri la conversation de tant de stimulants et d'aliments nouveaux, a au contraire tari beaucoup de sources de la correspondance détournées à son profit. Il est évident que si, en mars 1658, il y ait eu en France des gazettes quotidiennes aussi informées, aussi régulièrement expédiées en provinces, que le sont nos journaux, Olivier Patru n'aurait pas pris la peine, lui si occupé, d'écrire à son ami d'Ablaincourt une longue lettre où il lui donne tant de détails - qu'on trouverait à présent dans le première feuille

---

1 Elle serait possible si chacun de nous tenait régulièrement un journal intime analogue à celui des Goncourt. jusqu'ici on n'enregistre, en fait de conversations, que le nombre des séances de Congrès ou de Sociétés savantes, et la statistique, de ce chef, atteste une progression constante.

Gabriel Tarde

venue - sur la visite de Christine de Suède à l'Académie française. Un grand service inaperçu que nous rendent les journaux est de nous dispenser d'écrire à nos amis une foule de nouvelles intéressantes [1] sur les événements du jour, qui remplissaient les lettres des siècles passés.

Dira-t-on que la presse, en délivrant et débarrassant les correspondances privées de cet encombrement de chroniques, a rendu à la littérature épistolaire le service de la pousser dans sa vraie voie, étroite mais profonde, toute psychologie et cordiale? je crains que ce ne fût une illusion de le penser. Le caractère de plus en plus urbain de notre civilisation a cet effet que le nombre de nos amis et connaissances ne cessant de s'accroître pendant que leur degré d'intimité diminue, ce que nous avons à dire ou à s'écrire s'adresse de moins en moins à des individus isolés, et de plus en plus à des groupes et toujours plus nombreux. Notre véritable interlocuteur, notre véritable correspondant, c'est, chaque jour davantage, le Public [2]. il n'est donc pas surprenant que les lettres de faire part imprimées [3], les annonces et réclames par la voie des journaux, aillent en progressant beaucoup plus vite que nos lettres privées. Peut-être même avons-nous le droit de regarder comme probable que, parmi celles-ci, les lettres familières, les lettres-causeries, qu'il faut naturellement mettre à part des lettres d'affaires, vont en diminuant de nombre, et encore plus de longueur, si l'on en juge par l'extraordinaire degré de simplification et d'abréviation auquel les lettres d'amour elles-mêmes sont parvenues dans la

---

1 Les journalistes ont eu de très bonne heure conscience de ce genre d'utilité. Renaudot, en tête du recueil de sa *Gazette* en 1631, parle du «soulagement qu'elles (les gazettes) apportent à ceux qui écrivent à leurs amis, auxquelles ils étaient auparavant obligés, pour contenter leur curiosité, de décrire laborieusement des nouvelles le plus souvent inventées à plaisir et fondées sur l'incertitude d'un simple ouy-dire.» Ce *soulagement* n'était encore que bien partiel à cette époque comme nous le voyons par la lettre de Patru que nous venons de citer.

2 Le besoin de s'adresser au public est assez récent. Même les rois d'ancien régime ne s'adressaient jamais au public : ils s'adressaient à des corps, le Parlement, le clergé, jamais à la nation prise en masse; à plus forte raison, les particuliers.

3 Les lettres de faire part de naissance, de mariage, de mort ont déchargé la correspondance privée d'un de ses sujets les plus abondants d'autrefois. On voit, par exemple, dans un volume de la correspondance de Voltaire, une enfilade de lettres consacrées à annoncer aux amis de Mme du Châtelet, avec d'ingénieuses et laborieuses variantes de style, la naissance de l'enfant dont elle venait d'accoucher.

Chapitre II : L'opinion et la conversation

«correspondance personnelle» de certains journaux [1]. Le laconisme utilitaire des télégrammes et des conversations téléphoniques, qui vont empiétant sur le domaine de la correspondance, *déteint* sur le style des lettres les plus intimes. Envahie par la presse d'un côté, par le télégraphe et le téléphone de l'autre, rongée par ses deux bouts à la fois, si la correspondance vit encore et même d'après la statistique des Postes, donne des signes illusoires de prospérité, cela ne peut tenir qu'à la multiplication des lettres d'affaires.

La lettre familière, personnelle, développée, a été tuée par le journal, et cela se comprend, puisqu'il en est l'équivalent supérieur, ou plutôt le prolongement et l'amplification, l'universel rayonnement. Le journal, en effet, n'a pas les mêmes origines que le livre. Le livre procède du *discours,* du monologue et, avant tout, du poème, du chant. Le livre de poésie a précédé le livre de prose; le livre sacré, le livre profane. L'origine du livre est lyrique et religieuse. Mais l'origine du journal est laïque et familière. Il procède de la lettre privée qui procède elle-même de la causerie. Aussi les journaux ont-ils commencé par être des lettres privées adressées à des personnages et copiées à un certain nombre d'exemplaires. «Avant le journalisme imprimé, public [2], plus ou moins toléré ou même plus ou moins utilisé par les gouvernements, il y eut longtemps en Europe un journalisme manuscrit souvent clandestin», qui persista ou se survécut jusqu'au XVIIIe siècle par les lettres de Grimm ou les mémoires de Bachaumont.

Les épîtres, de Saint Paul, les lettres des missionnaires, sont de vrais journaux. Si Saint Paul avait eu à sa disposition une *Semaine religieuse* quelconque, ce sont des articles qu'il eût écrits.

En somme, le journal est une lettre publique, une conversation publique, qui, procédant de la lettre privée, de la conversation privée, devient leur grande régulatrice et leur nourriture la plus

1 Ce qui va s'abrégeant et se simplifiant incontestablement dans les lettres de tout genre, c'est leur cérémonial. Que l'on compare le «votre dévoué» d'à présent aux formules finales du XVIe et du XVIIe siècle. La transformation des formes sacramentelles de la conversation dans ce même sens n'est pas douteuse, mais, comme elles n'ont guère laissé de trace durable, il est plus facile d'étudier ce progrès ou cette régression dans la correspondance du passé et du présent.
2 *Journalisme, par* Eugène Dubief. *Paris, 1892.*

Gabriel Tarde

abondante, uniforme pour tous dans le monde entier, changeant pour tous profondément d'un jour à l'autre. Il a commencé par n'être qu'un écho prolongé des causeries et des correspondances, il a fini par en être la source presque unique. Les Correspondances, il en vit encore, il en vit plus que jamais, et surtout sous la forme la plus concentrée et la plus moderne qu'elles affectent, la dépêche télégraphique. D'un télégramme privé adressé à son directeur, il fait une nouvelle à sensation d'une actualité intense, qui va instantanément, dans toutes les grandes villes d'un continent, soulever des foules; et de ces foules dispersées, se touchant à distance intimement, par la conscience qu'il leur donne de leur simultanéité, de leur mutuelle action née de la sienne, il va faire une seule foule immense, abstraite et souveraine, qu'il baptisera l'Opinion. Il a achevé de la sorte le long travail séculaire que la conversation avait commencé, que la correspondance avait prolongé, mais qui restait toujours à l'état d'ébauche éparse et disjointe, le travail de fusion des opinions personnelles en opinions locales, de celles-ci en opinion nationale et en opinion *mondiale*, l'unification grandiose de l'Esprit public. - Je dis de l'Esprit public, je ne dis pas, il est vrai, des Esprits nationaux, *traditionnels*, qui restent distincts en leur fond sous la double invasion de cet internationalisme *rationnel*, plus sérieux, dont le premier n'est souvent que le retentissement et le résonnateur populaire. - Pouvoir énorme, malgré tout et qui ne saurait aller qu'en grandissant. Car le besoin de s'accorder avec le public dont on fait partie, de penser et d'agir dans le sens de l'opinion, devient d'autant plus fort et plus irrésistible que le public est plus nombreux, que l'opinion est plus imposante, et que ce besoin lui-même a été plus souvent satisfait. Il ne faut donc pas s'étonner de voir nos contemporains si fléchissants sous le vent de l'opinion qui passe, ni conclure de là, nécessairement, que les caractères se sont affaiblis. Quand les peupliers et les chênes sont abattus par l'orage, ce n'est pas qu'ils soient devenus plus faibles, mais c'est que le vent est devenu plus fort.

Chapitre III : Les foules et les sectes criminelles [1]

1 Je crois devoir réimprimer ici, comme utile complément des études précédentes, cette étude qui a déjà paru (en décembre 1893) dans *la Revue des Deux Mondes,* puis dans mes *Essais et Mélanges* (Storck et Masson, 1895). Dès avant ces dernières

Jusqu'à nos jours, pendant toute la durée de cette crise d'individualisme qui, depuis le dernier siècle a sévi partout, en politique et en économie politique comme en morale et en droit, comme en religion même, le délit passait pour ce qu'il y avait de plus essentiellement individuel au monde; et, parmi les criminalistes, la notion du délit indivis, pour ainsi dire, s'était perdue, comme aussi bien, parmi les théologiens eux-mêmes, l'idée du péché collectif, sinon tout à fait celle du péché héréditaire. Quand les attentats de conspirateurs, quand les exploits d'une bande de brigands forçaient à reconnaître l'existence de crimes commis collectivement, on se hâtait de résoudre cette nébuleuse criminelle en délits individuels distincts dont elle était réputée n'être que la somme. Mais à présent la réaction sociologique ou socialiste contre cette grande illusion *égocentrique* doit naturellement ramener l'attention sur le côté social des actes que l'individu s'attribue à tort. Aussi s'est-on occupé avec curiosité de la criminalité des sectes - au sujet de laquelle rien n'égale en profondeur ou en intensité les travaux de Taine sur la psychologie des jacobins - et, plus récemment, de la criminalité des foules. Ce sont là deux espèces très différentes d'un même genre, le délit de groupe ; et il ne sera pas inutile ni inopportun de les étudier ensemble.

La difficulté n'est pas de trouver des crimes collectifs, mais de découvrir des crimes qui ne soient pas, qui n'impliquent à aucun degré la complicité du milieu. C'est au point qu'on pourrait se demander s'il y a des crimes vraiment individuels, de même qu'on s'est demandé s'il y a des œuvres de génie qui ne soient pas une oeuvre collective. Analysez l'état du malfaiteur le plus farouche et le plus solitaire, au moment de son action; ou aussi bien l'état d'âme de l'inventeur le plus sauvage, à l'heure de sa découverte ; et rentranchez-en tout ce qui, dans la formation de cet état fiévreux, revient à des influences d'éducation, de camaraderie d'apprentissage, d'accidents biographiques; qu'en restera-t-il ? Bien peu de chose ; quelque chose pourtant, et quelque chose

---

dates je m'étais occupé de la psychologie des foules. je me permets de renvoyer le lecteur curieux de ce genre de littérature à ma *Philosophie pénale* (Storck et Masson, 1890), chapitre intitulé *Le crime, p. 323, et s.,* et à mon rapport sur les *crimes des foules,* présenté et discuté au Congrès d'anthropologie criminelle de Bruxelles en août 1892, reproduits ensuite dans *Essais et Mélanges.*

Gabriel Tarde

d'essentiel, qui n'a nul besoin de s'isoler pour être soi. Au contraire, ce je ne sais quoi, qui est tout le *je individuel,* a besoin de se mêler au dehors pour prendre conscience de lui-même et se fortifier; il se nourrit de ce qui l'altère. C'est par de multiples actions de contact avec les personnes étrangères qu'il se déploie en se les appropriant, dans la mesure très variable où il lui est donné de se les approprier plutôt que de s'assimiler à quelqu'une d'entre elles. Du reste, même en s'asservissant il demeure soi le plus souvent et sa servitude est sienne. Par où l'on voit que Rousseau tournait le dos à la réalité quand, pour réaliser le plus haut point possible d'autonomie individuelle, il jugeait nécessaire un régime de solitude incomplète d'ailleurs, de solitude à deux, du Maître et du Disciple, tout à fait hypnotisante pour ce dernier. Son Émile est la personnification même et la réfutation par l'absurde de l'individualisme propre à son temps. Si la solitude est féconde et même seule vraiment féconde, c'est qu'elle alterne avec une vie intense de relations, d'expériences et de lectures, dont elle est la méditation.

Malgré tout, il est permis d'appeler individuels les crimes, comme en général les actes quelconques, exécutés par une seule personne en vertu d'influences vagues, lointaines et confuses d'autrui, d'un autrui indéfini et indéterminé; et l'on peut réserver l'épithète de collectifs aux actes produits par la collaboration immédiate et directe d'un nombre limité et précis de coexécutants.

Certainement, il y a, en ce sens, des œuvres de génie individuelles ; ou plutôt en ce sens, il n'y a rien que d'individuel en fait de génie. Car, chose remarquable, tandis que, moralement, les collectivités sont susceptibles des deux excès contraires, de l'extrême criminalité ou même parfois de l'extrême héroïsme, il n'en est pas de même intellectuellement ; et, s'il leur appartient de descendre à des profondeurs de folies ou d'imbécillité inconnues à l'individu pris à part, il leur est interdit de s'élever au déploiement suprême de l'intelligence et de l'imagination créatrice. Elles peuvent, dans l'ordre moral, choir très bas ou monter très haut ; dans l'ordre intellectuel, elles ne peuvent que tomber très bas. S'il y a des forfaits collectifs, dont l'individu seul serait incapable, assassinats et pillages par bandes armées, incendies révolutionnaires, septembrisades, Saint-Barthélemy, épidémies de vénalités, etc., il y a aussi des héroïsmes collectifs où l'individu s'élève au-dessus de lui-même, charges de cuirassiers légendaires, révoltes patriotiques, épidémies de martyres, nuit de 4 août, etc. Mais, aux démences et aux idioties collectives, dont nous citerons des exemples, y a-t-il des actes de génie collectifs qu'on puisse opposer?

Non. On ne peut répondre oui qu'en adoptant sans preuves l'hypothèse banale et gratuite suivant laquelle les langues et les religions, œuvres géniales à coup sûr, auraient été la création spontanée et inconsciente des masses, et, qui plus est, non des masses organisées, mais des multitudes incohérentes. Ce n'est pas le lieu de discuter cette solution trop commode d'un problème capital, Laissons de côté ce qui s'est passé dans la préhistoire. Depuis les temps historiques quelle est l'invention, la découverte, l'initiative vraie, qui soit due à cet être impersonnel, la foule? Dira-t-on ; les révolutions ? Pas même. Ce que les révolutions ont eu de purement destructeur, la foule peut le revendiquer, en partie du moins, mais qu'est-ce qu'elles ont fondé et réellement trouvé qui n'ait été conçu et prémédité avant et après elles par des hommes supérieurs, tel que Luther, Rousseau, Voltaire, Napoléon? Qu'on me cite une armée, la mieux composée soit-elle, d'où ait jailli spontanément un plan de campagne admirable, voire passable ; qu'on me cite même un conseil de guerre, qui pour la conception, je ne dis pas pour la discussion, d'une manœuvre militaire, ait valu le cerveau du plus médiocre général en chef. A-t-on jamais vu un chef-d'œuvre de l'art, en peinture, en sculpture, en architecture aussi et en épopée, imaginé et exécuté par l'inspiration collective de dix, de cent poètes ou artistes ? On a rêvé cela de l'*Iliade,* à une certaine époque de mauvaise métaphysique : on en rit maintenant. Tout ce qui est génial est individuel, même en fait de crime. Ce n'est jamais une foule criminelle, ni une association de malfaiteurs, qui invente un nouveau procédé d'assassinat ou de vol; c'est une suite d'assassins ou de voleurs de génie qui ont élevé l'art de tuer ou de piller le prochain à son point de perfectionnement actuel.

À quoi tient le contraste signalé? Pourquoi le grand déploiement de l'intelligence est-il refusé aux groupes sociaux, tandis que le grand et puissant déploiement de la volonté, de la vertu même, leur est accessible ? C'est que l'acte de vertu le plus héroïque est quelque chose de très simple en soi, et ne diffère de l'acte de moralité ordinaire que par le degré ; or, précisément, la puissance d'unisson qui est dans les rassemblements humains, où les émotions et les opinions se renforcent rapidement par leur contact multipliant, est, par excellence, outrancière. Mais l'œuvre de génie ou de talent est toujours compliquée, et diffère en nature, non en degré seulement, d'un acte d'intelligence vulgaire. Il ne s'agit plus, comme ici, de percevoir et de se souvenir pêle-mêle, conformément à un type connu, mais de faire avec des perceptions et des images connues des combinaisons nouvelles. Or, à première vue, il semble bien que dix, cent, mille têtes réunies soient plus aptes qu'une seule à embrasser tous les côtés d'une question complexe ; et c'est là une illusion aussi persistante, aussi séduisante que profonde. De tous temps les peuples naïvement imbus de ce préjugé ont, dans leurs jours troublés, attendu d'assemblées religieuses ou politiques le soulagement de leurs maux. Au moyen âge les conciles ; dans l'ère moderne, les états généraux, les parlements; voilà les panacées réclamées par les multitudes malades. La superstition du jury est née d'une erreur pareille, toujours trompée et toujours renaissante. En réalité, ce ne sont jamais de simples *réunions* de personnes, ce sont plutôt des *corporations,* telles que certains grands ordres religieux ou certaines enrégimentations civiles ou militaires, qui ont répondu, parfois, aux besoins des peuples; encore doit-on observer que, sous leur forme corporative même, les collectivités se montrent impuissantes à créer du nouveau. Il en est ainsi, quelle que soit l'habileté du mécanisme social où les individus sont engrenés et enrégimentés.

Car est-il possible qu'il égale en complication à la fois et élasticité de structure l'organisme cérébral, cette incomparable armée de cellules nerveuses que chacun de nous porte dans sa tête?

Aussi longtemps, donc, qu'un cerveau bien fait l'emportera en fonctionnement rapide et sûr, en absorption et élaboration prompte d'éléments multiples, en solidarité intime d'innombrables agents, sur le Parlement le mieux constitué, il sera tout à fait puéril,

Chapitre III : Les foules et les sectes criminelles

quoique vraisemblable *a priori* et excusable, de compter sur des émeutes ou sur des corps délibérants, plutôt que sur un homme, pour tirer un pays d'un pas difficile. En fait, toutes les fois qu'une nation traverse une de ces périodes où ce n'est pas seulement de grands entraînements du cœur, mais de grandes capacités d'esprit qu'elle a un besoin impérieux, la nécessité d'un gouvernement personnel s'impose, sous forme républicaine ou monarchique ou sans couleur parlementaire. On a protesté souvent contre cette nécessité, qui a fait l'effet d'une *survivance,* et dont on a vainement cherché la cause ; peut-être sa raison cachée est-elle implicitement donnée par les considérations précédentes.

Elles peuvent servir aussi à préciser en quoi consiste la responsabilité des meneurs relativement aux actes commis par les groupes qu'ils dirigent. Une assemblée ou une association, une foule ou une secte, n'a d'autre *idée* que celle qu'on lui souffle, et cette idée, cette indication plus ou moins intelligente, d'un but à poursuivre, d'un moyen à employer, a beau se propager du cerveau d'un seul dans le cerveau de tous, elle reste la même; le souffleur est donc responsable de ses effets directs. Mais l'émotion jointe à cette idée et qui se propage avec elle, ne reste pas la même en se propageant, elle s'intensifie par une sorte de progression mathématique, et ce qui était désir modéré ou opinion hésitante chez l'auteur de cette propagation, chez le premier inspirateur d'un soupçon, par exemple, hasardé contre une catégorie de citoyens, devient promptement passion et conviction, haine et fanatisme, dans la masse fermentescible où ce germe est tombé. L'intensité de l'émotion qui meut celle-ci et la porte aux derniers excès en bien ou en mal est donc en grande partie son oeuvre propre, l'effet du mutuel échauffement de ces âmes rassemblées par leur mutuel reflet ; et il serait aussi injuste d'imputer à son directeur quelconque tous les crimes où cette surexcitation l'entraîne que de lui attribuer l'entier mérite des grandes œuvres de délivrance patriotique, des grands actes de dévouement suscités par la même fièvre. Aux chefs d'une bande ou d'une émeute donc, on peut demander compte toujours de l'astuce et de l'habileté dont elle a fait preuve dans l'exécution de ses massacres, de ses pillages, de ses incendies, mais non toujours de la violence et de l'étendue des maux causés par ses contagions criminelles. Il faut faire honneur au général seul de ses plans de campagne, mais non de la bravoure de ses soldats. je ne dis pas que cette distinction suffise à simplifier tous les problèmes de responsabilité soulevés par notre sujet, mais je dis qu'il convient d'y avoir égard pour chercher à les résoudre.

Au point de vue intellectuel comme à d'autres points de vue, il y a des différences notables à établir entre les différentes formes de groupements sociaux. Ne comptons pas celles qui consistent en un simple rapprochement matériel. Des passants dans une rue populeuse, des voyageurs réunis, entassés même, sur un paquebot, dans un wagon, autour d'une table d'hôte, silencieux ou sans conversation générale entre eux, sont groupés physiquement, non socialement. J'en dirai autant des paysans agglomérés sur un champ de foire, aussi longtemps qu'ils se bornent à conclure des marchés entre eux, à poursuivre séparément leurs buts distincts quoique semblables, sans nulle coopération à une même action commune. Tout ce qu'on peut dire de ces gens-là, c'est qu'ils portent en eux la virtualité d'un groupement social, dans la mesure où des ressemblances de langue, de nationalité, de culte, de classe, d'éducation, toutes d'origine sociale, c'est-à-dire toutes causées par une diffusion imitative à partir d'un premier inventeur anonyme ou connu, les prédisposent à s'associer plus ou moins étroitement, si l'occasion l'exige. Qu'une explosion de dynamite ait lieu dans la rue, que le vaisseau menace de sombrer, le train de dérailler, qu'un incendie éclate dans l'hôtel, qu'une calomnie contre un prétendu accapareur se répande sur le champ de foire, aussitôt ces individus associables deviendront associés dans la poursuite d'une même fin sous l'empire d'une même émotion.

Alors naîtra spontanément ce premier degré de l'association que nous appelons la foule. Par une série de degrés intermédiaires, on s'élève de cet agrégat rudimentaire, fugace et amorphe, à cette foule organisée, hiérarchisée, durable et régulière, qu'on peut appeler la corporation, au sens le plus large du mot. L'expression la plus intense de la corporation religieuse, c'est le monastère; de la corporation laïque, c'est le régiment ou l'atelier. L'expression la plus vaste des deux, c'est l'Église ou l'État. Ou plutôt faisons remarquer que les Églises et les États, les religions et les nations, tendent toujours, dans leur période de croissance robuste, à réaliser le type corporatif, monastique ou régimentaire, sans jamais y parvenir tout à fait, fort heureusement ; leur vie se passe à osciller d'un type à l'autre, à donner l'idée tour à tour d'une grande foule, comme les États barbares, ou d'une grande corporation, comme la France de Saint Louis. Il en était de même de ce qu'on appelait les corporations sous l'ancien régime ; elles étaient bien moins des corporations en temps ordinaire que des fédérations d'ateliers, petites corporations bien réelles celles-là, et, chacune à part, autoritairement régies par un patron. Mais quand un danger commun faisait converger vers un même but, tel que le gain d'un procès, tous les ouvriers d'une même branche d'industrie, de même qu'en temps de guerre tous les citoyens d'une nation, le lien fédératif aussitôt se resserrait, et une personnalité gouvernante s'y faisait jour. Dans l'intervalle de ces collaborations unanimes, l'association se réduisait, entre les ateliers fédérés, à la poursuite d'un certain idéal esthétique ou économique, de même que, dans l'intervalle des guerres, la préoccupation d'un certain idéal patriotique est toute la vie nationale des citoyens. - Une nation moderne, sous l'action prolongée des idées égalitaires, tend à redevenir une grande foule complexe, plus ou moins dirigée par des meneurs nationaux ou locaux.

Mais le besoin d'ordre hiérarchique est tellement impérieux dans ces sociétés agrandies que, chose remarquable, à mesure qu'elles se démocratisent, elles sont forcées parfois de se militariser de plus en plus, de fortifier, de perfectionner, d'étendre cette corporation essentiellement hiérarchique et aristocratique, l'armée, - sans parler de l'administration, cette autre armée immense : et, par là, peut-être, elle se prépare, quand la période belliqueuse sera close, à revêtir sous forme pacifique, industrielle, scientifique, artistique, la forme corporative, à devenir un immense atelier.

Entre les deux pôles extrêmes que je viens d'indiquer, peuvent se placer certains groupes temporaires, mais recrutés suivant une règle fixe ou soumis à un règlement sommaire tels que le jury, ou même certaines réunions habituelles de plaisir, un salon littéraire du XVIIIe siècle, la cour de Versailles, un auditoire de théâtre, qui,

Gabriel Tarde

malgré la légèreté de leur but ou de leur intérêt commun, acceptent une étiquette rigoureuse, une hiérarchie fixe de places différentes, ou enfin certaines réunions scientifiques ou littéraires, les académies, qui sont plutôt des collections de talents coéchangistes que des faisceaux de collaborateurs. Parmi les variétés de l'espèce-corporation, citons les conspirations et les sectes, si souvent criminelles. Les assemblées parlementaires méritent une place à part : ce sont bien plutôt des foules complexes et contradictoires, des foules doubles pour ainsi dire, - comme on dit des monstres doubles, - où une majorité tumultueuse est combattue par une ou plusieurs minorités et où, par suite et par bonheur, le mal de l'unanimité, ce grand danger des foules, est en partie neutralisé.

Mais, foule ou corporation, toutes les espèces d'association véritable ont ce caractère identique et permanent d'être produites, d'être conduites plus ou moins par un chef apparent ou caché; caché assez souvent quand il s'agit des foules, toujours apparent et frappant les yeux dans le cas des corporations. Dès le moment où un amas d'hommes se met à vibrer d'un même frisson, s'anime et marche à son but, on peut affirmer qu'un inspirateur ou un meneur quelconque, ou un groupe de meneurs ou d'inspirateurs parmi lesquels un seul est le ferment actif, lui a insufflé son âme, soudainement grandissante, déformée, monstrueuse, et dont lui-même est parfois le premier surpris, le premier épouvanté. De même que tout atelier a son directeur, tout couvent son supérieur, tout régiment son général, toute assemblée son président ou plutôt toute fraction d'assemblée son *leader*, pareillement tout salon animé a son coryphée de conversation, toute émeute son chef, toute cour son roi, son prince ou son principicule, toute claque son chef de claque. Si un auditoire de théâtre mérite jusqu'à un certain point d'être regardé comme formant une sorte d'association, c'est quand il applaudit, parce qu'il suit, en le répercutant, l'impulsion d'un applaudissement initial, et, quand il écoute, parce qu'il subit la suggestion de l'auteur, exprimée par la bouche de l'acteur qui parle. Partout, donc, visible ou non, règne ici la distinction du *meneur* et des *menés*, si importante en matière de responsabilité. Ce n'est pas à dire que les volontés de tous se soient annihilées devant celle d'un seul : celle-ci, - suggérée d'ailleurs, elle aussi, écho de voix extérieures ou intérieures dont elle n'est que la condensation originale, - dû, pour s'imposer aux autres. leur faire des concessions et les flatter pour les conduire. C'est le cas de l'orateur qui n'a garde de négliger les précautions oratoires, de l'auteur dramatique qui doit toujours se plier aux préjugés et aux goûts changeants de ses auditeurs, du leader qui doit ménager son parti, d'un Louis XIV même qui a des égards forcés pour ses courtisans.

Seulement, cela doit être entendu diversement, suivant qu'il s'agit des réunions spontanées ou des réunions organisées. Dans celles-ci, une volonté, pour être dominante, doit naître conforme, dans une certaine mesure, aux tendances, aux traditions des volontés dominées; mais, une fois née, elle s'exécute avec une fidélité d'autant plus parfaite que l'organisation du corps est plus savante. Dans les foules, une volonté impérative n'a pas à se conformer à des traditions qui n'y existent pas, elle peut même être obéie malgré son faible accord avec les tendances de la majorité; mais, conforme ou non, elle est toujours mal exécutée et s'altère en s'imposant. On peut affirmer que toutes les formes de l'association humaine se distinguent : 1 - par la manière dont une pensée ou une volonté entre mille y devient dirigeante, par les conditions du concours de pensées et de volontés d'où elle sort victorieuse ; 2 - par la plus ou moins grande facilité qui y est offerte à la propagation de la pensée, de la volonté dirigeante. Ce qu'on appelle l'émancipation démocratique tend à rendre accessible à tous le concours dont il s'agit, limité d'abord à certaines catégories de personnes, graduellement étendues ; mais tous les perfectionnements de l'organisation sociale, sous forme démocratique ou aristocratique, ont pour effet de permettre à un dessein réfléchi, cohérent, individuel, d'entrer plus pur, moins altéré et plus profondément, par des voies plus sûres et plus courtes, dans le cerveau de tous les associés. Un chef d'émeute ne dispose jamais complètement de ses hommes, un général presque toujours ; la direction du premier, lente et tortueuse, se réfracte en mille déviations, celle du second va vite et tout droit.

On a cependant contesté et avec force [1] que, pour les foules au

1 Au Congrès d'Anthropologie criminelle de Bruxelles, en août 1892, un savant russe nous a fait cette objection, en invoquant des révoltes agraires de son pays,

moins, le rôle des meneurs eût l'universalité et l'importance que nous lui prêtons. Il y a, en effet, des foules sans conducteur apparent. La famine sévit dans une région, de tous côtés des masses affamées s'y soulèvent, demandant du pain ; point de chef ici, ce semble, l'unanimité spontanée en tient lieu. Regardez-y de près pourtant. Tous ces soulèvements n'ont pas éclaté ensemble ; ils se sont suivis comme une traînée de poudre, à partir d'une première étincelle. Une première émeute a eu lieu quelque part, dans une localité plus souffrante ou plus effervescente que les autres, plus travaillée par des agitateurs connus ou occultes, qui ont donné le signal de la révolte. Puis, dans des localités voisines, l'élan a été suivi, et les nouveaux agitateurs ont eu moins à faire, grâce à leurs prédécesseurs ; et ainsi, de proche en proche, s'est prolongée l'action de ceux-ci, par imitation de foule à foule, avec une force croissante qui affaiblit d'autant l'utilité des directeurs locaux, jusqu'à ce qu'enfin, surtout quand le cyclone populaire s'est élargi bien au-delà des limites où il a eu sa raison d'être, de la région où le pain a manqué, nulle direction ne s'aperçoive. Chose étrange, - étrange du moins pour qui méconnaît la puissance de l'entraînement imitatif, - la spontanéité des soulèvements alors devient d'autant plus complète qu'elle est moins motivée. C'est ce qu'oublie d'observer un écrivain italien qui nous oppose à tort l'agitation du haut Milanais en 1889. Au cours de cette série de petites émeutes rurales, il a vu s'en produire plusieurs presque spontanément, ce qui l'étonne d'ailleurs, car il convient que la cause affichée de cette agitation ne suffisait point à la justifier : les griefs invoqués contre les propriétaires à propos des baux n'avaient rien de bien sérieux, et, si l'année avait été mauvaise, l'importation d'une nouvelle industrie avait compensé en partie le déficit des récoltes. Comment croire, dans ces conditions, que ces paysans italiens se soient soulevés d'eux-mêmes, sans nulle excitation du dehors ou du dedans, ou plutôt du dehors et du dedans à la fois? C'est au premier de ces mouvements qu'il eût fallu remonter pour se convaincre que le mécontentement populaire, local et partiel avant de s'être répandu et généralisé, n'est pas né tout seul, qu'il y a eu là, comme partout

---

causées par la famine; plus tard, un savant italien, le Dr Bianchi, que nous allons citer, nous a objecté des faits analogues. -En revanche, j'apprends que la thèse ici développée l'avait été bien antérieurement, en 1882 déjà, par un écrivain russe distingué, M. Mikhailowsky, dans un recueil intitulé *Oetchestwennia Zapiski*.

Chapitre III : Les foules et les sectes criminelles

en cas d'incendie, des incendiaires, colportant de ferme en ferme, d'auberge en auberge, la calomnie, la colère, la haine. Ce sont eux qui ont donné à l'irritation sourde fomentée par eux cette formule précise : «Les propriétaires refusent de diminuer leurs baux ; pour les contraindre, il faut leur faire peur». Le moyen est tout indiqué : s'attrouper, crier, chanter des refrains menaçants, casser des vitres, piller et incendier. Un agent de désordre n'a pas grand effort à faire, une fois la contagion en marche, pour décider deux ou trois cents paysans ou paysannes, en sortant des vêpres ou de la messe, par exemple, à ce genre de manifestation. Il n'a qu'à lancer une pierre, jeter un cri, entonner le début d'un chant; aussitôt tout le monde suivra, et on dira ensuite que ce désordre a été spontané. Mais il a fallu nécessairement l'initiative de cet homme.

Envisagés d'un même coup d'œil, tous les rassemblements tumultueux qui procèdent d'une émeute initiale, et s'enchaînent intimement les uns aux autres, phénomène habituel des crises révolutionnaires, peuvent être considérés comme une seule et même foule. Il y a de la sorte des foules complexes, comme en physique des ondes complexes, enchaînement des groupes d'ondes. Si l'on se place à ce point de vue, on voit qu'il n'est point de foules sans meneurs, et l'on s'aperçoit, en outre, que si de la première de ces foules composantes à la dernière, le rôle des meneurs secondaires va s'affaiblissant, celui des meneurs primaires va toujours croissant, agrandi à chaque nouveau tumulte né d'un tumulte précédent par contagion à distance. Les épidémies de grève en sont la preuve : la première qui éclate, celle pourtant où les griefs invoqués sont le plus sérieux et qui, par suite, devrait être la plus spontanée de toutes, laisse toujours voir se dessiner la personnalité des agitateurs; les suivantes, quoique parfois sans rime ni raison - comme j'en ai vu s'ébaucher parmi des ouvriers meuliers du Périgord, qui voulaient simplement se mettre à la mode, - ont l'air d'explosions sans mèche : on dirait qu'elles partent toutes seules comme les mauvais fusils. je reconnais d'ailleurs qu'ici le nom de meneurs appliqué à de simples brouillons, qui ont sans le vouloir expressément, avec une demi-inconscience, pressé la gâchette du fusil, est assez impropre. J'emprunte un nouvel exemple au Dr Bianchi : dans un village, à la sortie du mois de Marie, la population - déjà surexcitée, nous le savons, - aperçoit des agents de police, venus pour la surveiller; leur vue l'exaspère; des sifflements se font entendre, puis des cris, puis des chants séditieux, et voilà ces pauvres gens, enfants, vieillards, qui mutuellement s'exaltent. La foule est lancée et, se met, naturellement, à casser les vitres, à détruire tout ce qu'elle peut. On remarque en passant ce singulier goût des foules pour les vitres cassées, pour le bruit, pour la destruction puérile : c'est une de leurs ressemblances nombreuses avec les ivrognes, dont le plus grand plaisir, après celui de vider les bouteilles, est de les briser. - Dans cet exemple, le premier qui a sifflé, qui a crié, ne s'est probablement pas rendu compte des excès qui allait provoquer. Mais n'oublions pas qu'il s'agit là d'une agitation précédée de beaucoup d'autres qui ont eu leurs agitateurs plus conscients et plus volontaires.

Il arrive aussi, souvent, qu'une foule mise- en mouvement par un noyau d'exaltés, les dépasse et les résorbe, et, devenue acéphale, semble n'avoir pas de conducteur. La vérité est qu'elle n'en a plus, comme la pâte levée n'a plus de levain.

Enfin, - remarque essentielle, - le rôle de ces conducteurs est d'autant plus grand et distinct que la foule fonctionne avec plus d'ensemble, de suite et d'intelligence, qu'elle est plus près d'être une personne morale, une association organisée.

On voit donc que, dans tous les cas, malgré l'importance attachée à la nature de ses membres, l'association en définitive vaudra ce que vaudra son chef. Ce qui importe avant tout, c'est la nature de celui-ci; un peu moins peut-être, il est vrai, pour les foules; mais ici, en revanche, si un mauvais choix du chef peut ne pas produire des conséquences aussi désastreuses que dans une association corporative, les chances d'un bon choix sont beaucoup moins grandes. Les multitudes, et aussi bien les assemblées, même parlementaires, sont promptes à s'engouer d'un beau parleur, du premier venu qui leur est inconnu; mais les corps de marchands, les collegia de l'antique Rome, les églises des premiers chrétiens, toutes les corporations quelconques, quand elles élisent leur prieur, leur évêque, leur syndic, ont depuis longtemps mis son caractère à l'épreuve; ou, si elles le reçoivent tout fait, comme l'armée, c'est des mains d'une autorité intelligente est bien informée. Elles sont moins exposées aux «emballements», car elles ne vivent pas toujours à l'état rassemblé, mais le plus souvent à l'état dispersé, qui laisse à leurs membres, délivrés de la contrainte des contacts, la disposition de leur raison propre. - En outre, quand le chef d'un corps a été reconnu excellent, il a beau mourir, son action lui survit [1] ; le fondateur d'un ordre religieux, canonisé après la mort, vit et agit toujours dans le cœur de ses disciples, et à son impulsion S'ajoute celle de tous les abbés et réformateurs qui lui succèdent, et dont le prestige, comme le sien, grandit et s'épure par l'éloignement dans le temps; tandis que les bons meneurs de foules [2] - car il en existe de tels, - cessent d'agir dès qu'ils ont disparu, plus promptement oubliés que remplacés. Les foules n'obéissent qu'à des conducteurs vivants et présents, prestigieux corporellement, physiquement, jamais à des fantômes d'idéale perfection, à des mémoires immortalisées. - Comme je viens de l'indiquer en passant, les corporations, dans leur longue existence, souvent plusieurs fois séculaire, présentent une *série* de meneurs perpétuels, greffés en quelque sorte les uns sur les autres et se rectifiant les uns les autres ; encore une différence avec les foules, où il y a tout au plus un *groupe* de meneurs temporaires et simultanés, qui se reflètent en s'exagérant. Autant de différences, autant de causes d'infériorité pour les foules.

Il y en a d'autres. Ce ne sont pas seulement les pires meneurs qui risquent d'être choisis ou subis par les multitudes, ce sont encore les pires suggestions, parmi toutes celles qui émanent d'eux. Pourquoi ? Parce que, d'une part, les émotions ou les idées les plus contagieuses sont naturellement les plus intenses,

---

1 Malheureusement, cela arrive aussi, quelquefois, quand le chef mérite moins cette survivance : les partis politiques le prouvent. En France, les boulangistes ont survécu à Boulanger; au Chili, les balmacédistes à Balmacéda.

2 Dans une conférence sur *la Conciliation industrielle et le rôle des meneurs* (Bruxelles, 1892), un ingénieur belge très compétent, M. Weiler, montre le rôle utile que les *bons meneurs,* à savoir, d'après lui, les «meneurs de *la* profession» et non les meneurs *de* profession, peuvent exercer dans les différends entre patrons et ouvriers. Il y fait voir aussi le faible désir qu'éprouvent les ouvriers, dans ces moments critiques, de voir survenir les «messieurs» politiciens. Pourquoi ? Parce qu'ils savent bien que, une fois arrivés, ceux-ci les subjugueront bon gré mal gré. C'est une fascination qu'ils redoutent, mais qu'ils ne subissent pas moins.

Gabriel Tarde

comme ce sont les plus grosses cloches, non les mieux timbrées ni les plus justes, dont le son va le plus loin ; et que, d'autre part, les idées les plus intenses sont les plus étroites ou les plus fausses, celles qui frappent les sens, non l'esprit, et les émotions les plus intenses sont les plus égoïstes. Voilà pourquoi, dans une foule, il est plus facile de propager une image puérile qu'une abstraction vraie, une comparaison qu'une raison, la foi en un homme que la renonciation à un préjugé; et pourquoi, le plaisir de dénigrer étant plus vif que le plaisir d'admirer, et le sentiment de la conversation plus fort que le sentiment du devoir, les huées s'y répandent plus facilement encore que les bravos, et les accès de panique y sont plus fréquents que les élans de bravoure.

Aussi a-t-on eu raison de remarquer, à propos des foules [1], qu'en général elles sont inférieures en intelligence et en moralité à la moyenne de leurs membres. Ici, non seulement le composé social, comme toujours, est dissemblable à ses éléments dont il est le *produit* ou la *combinaison plus* que la somme, mais encore, d'habitude, il vaut moins. Mais cela n'est vrai que des foules ou des rassemblements qui s'en rapprochent. Au contraire, là où règne *l'esprit de corps* plutôt que *l'esprit de foule*, il arrive souvent que le composé, où se perpétue le génie d'un grand organisateur, est supérieur à ses éléments actuels. Suivant qu'une troupe d'acteurs est une corporation ou une foule, c'est-à-dire qu'elle est plus ou moins exercée et organisée, ils jouent tous ensemble mieux ou moins bien que séparément quand ils disent des monologues. Dans un corps très discipliné, comme la gendarmerie, d'excellentes règles pour la recherche des malfaiteurs, pour l'audition des témoins, pour la rédaction des procès-verbaux, - toujours très bien faits, au style près, - se transmettent traditionnellement et soutiennent l'esprit de l'individu appuyé sur une raison supérieure. Si l'on a pu dire avec vérité, d'après un proverbe latin, que les *sénateurs sont de bonnes gens, et le Sénat une mauvaise bête*, j'ai eu cent fois l'occasion de remarquer que les gendarmes, quoiqu'ils soient le plus souvent intelligents, le sont moins que la gendarmerie. Un général me dit avoir fait la même remarque en inspectant ses jeunes soldats. Questionnés séparément sur la manœuvre militaire, il

1 Voy. notamment à ce sujet le très intéressant livre de M. Sighele, sur la *Foule criminelle* (Alcan).

Chapitre III : Les foules et les sectes criminelles

les trouvait tous assez faibles; mais une fois rassemblés, il était surpris de les voir manœuvrer avec ensemble et entrain, avec un air d'intelligence collective très supérieure à celle dont ils avaient fait preuve individuellement, De même, le régiment est souvent plus brave, plus généreux, plus moral que le soldat. Sans doute, les corporations, - régiments, ordres religieux, sectes, - vont plus loin que les foules, soit dans le mal, soit dans le bien; des foules les plus bienfaisantes aux foules les plus criminelles il y a moins loin que des plus grands exploits de nos armées aux pires excès du jacobinisme, ou des sœurs de Saint-Vincent de Paul aux camorristes et aux anarchistes; et Taine, qui nous a peint avec tant de vigueur à la fois les foules criminelles et aussi les sectes criminelles, les jacqueries et les exactions jacobines pendant la Révolution, a montré combien celles-ci ont été plus funestes que celles-là. Mais, tandis que les foules font plus souvent du mal que du bien, les corporations font plus souvent du bien que du mal. Ce n'est pas que, parmi ces dernières aussi, la contagiosité des sensations et des sentiments ne tende à être en rapport avec leur intensité, et que les plus égoïstes ne tendent à y être les plus intenses; mais cette tendance y est le plus souvent entravée par une sélection et une éducation spéciales, par un noviciat qui se prolonge pendant plusieurs années.

Quand, par hasard, une multitude en action paraît être meilleure, elle aussi, plus héroïque, plus magnanime, que la moyenne de ceux qui la composent, ou bien cela tient à des circonstances extraordinaires, - par exemple à l'enthousiasme si généreux de l'Assemblée nationale pendant la *Nuit du 4 août, - ou* bien (comme dans le même exemple peut-être?) cette magnanimité n'est qu'apparente et dissimule, aux yeux même des intéressés, l'empire profond d'une terreur cachée. Il y a souvent, chez les foules, l'héroïsme de la peur. D'autres fois, l'action bienfaisante d'une foule n'est que le dernier vestige d'une ancienne corporation. N'est-ce pas le cas des dévouements spontanés qui se produisent parfois dans les foules de petites villes accourues pour éteindre un grand incendie ? je dis *parfois* pour elles, non pour le corps des pompiers, où ces traits admirables sont habituels et journaliers. La multitude qui les entoure, à leur exemple peut-être, piquée d'émulation, se dévoue aussi, rarement, affronte un danger pour

Gabriel Tarde

sauver une vie. Mais, si l'on observe que ces rassemblements sont chose traditionnelle, qu'ils ont leurs règles et leurs usages, qu'on s'y divise les tâches, qu'à droite on fait circuler les seaux pleins, à gauche les seaux vides, que les actions s'y combinent avec un art cou*tumier* bien plutôt que spontané, on sera porté à voir dans ses manifestations de pitié et d'assistance fraternelle un reste survivant de la vie corporative propre aux «communes» du moyen âge.

Est-il nécessaire maintenant d'insister pour démontrer que les hommes en *gros,* dans les foules, valent moins que les hommes en *détail ? Oui,* puisqu'on l'a contesté. Nous serons bref d'ailleurs. À coup sûr, aucun des paysans d'Hautefaye qui ont tué à petit feu M. de Moneys, aucun des émeutiers parisiens qui ont fait noyer l'agent Ricenzini, n'eût été capable isolément, je ne dis pas d'accomplir, mais de vouloir cet abominable assassinat. La plupart des septembriseurs étaient loin d'être de malhonnêtes gens. Une multitude lancée, même composée en majorité de personnes intelligentes, a toujours quelque chose de puéril et de bestial à la fois : de puéril par sa mobilité d'humeur, par son brusque passage de la colère à l'éclat de rire, de bestial par sa brutalité. Elle est lâche aussi, même composée d'individus de moyen courage. Si l'adversaire qui lui tient tête, un ingénieur, par exemple, vient à être renversé par un croc-en-jambe, son affaire est faite. Piétiner son ennemi à terre est un plaisir qu'elle ne se refuse jamais. - Un exemple de ses caprices : Taine nous a cité une bande révolutionnaire qui, prête à massacrer un prétendu accapareur, s'attendrit tout à coup s'enthousiasme pour lui «et le force à boire et à danser avec elle autour de l'arbre de la Liberté où un moment auparavant, ils allaient le pendre». Des traits pareils ont été observés à l'époque de la Commune. Dans la dernière semaine, des prisonniers sont conduits à Versailles où la foule les entoure. Parmi eux se trouve, nous dit M. Ludovic Halévy, «une femme jeune, assez belle, les mains liées derrière le dos, enveloppée dans un caban d'officier doublé de drap rouge, les cheveux épars. La foule crie : «La colonelle ! la colonelle !» Tête haute, la femme répond à ces clameurs par un sourire de défi. Alors de toutes parts, c'est un grand cri : «A mort!... à mort!...» Un vieux monsieur s'écrie «Pas de cruauté, c'est une femme après tout!» La colère de la foule, en une seconde, se retourne contre

Chapitre III : Les foules et les sectes criminelles

le vieux monsieur. On l'entoure : c'est un communard! c'est un incendiaire! Il est très menacé, mais une voix perçante s'élève, une voix drôlette et gaie de gamin de Paris

«Faut pas lui faire de mal, c'est sa demoiselle à ce monsieur!» Alors, brusquement, grand éclat de rire, autour du vieux monsieur. Il est sauvé... La foule avait passé, presque dans le même instant, de la plus sérieuse colère à la plus franche gaieté».

Tout est à noter dans cette observation, autant le début que la fin. On peut être certain, puisqu'il s'agit de Français, que, à la vue de cette belle amazone bravant ses meurtriers, chacun d'eux, pris à part, n'eût exprimé que de l'admiration pour elle. Rassemblés, ils n'ont éprouvé que de la fureur contre elle; ils n'ont paru sensibles qu'au froissement de leur amour-propre collectif, exagération de leurs amours-propres particuliers élevés à une très haute puissance, par ce défi courageux. «L'amour-propre irrité chez le peuple, dit Mme de Staël dans ses *Considérations sur la Révolution française,* ne ressemble point à nos nuances fugitives : c'est le besoin de donner la mort». Très juste; mais en réalité, ce n'est pas chez les hommes du peuple isolés que les blessures de l'amourpropre ou ses égratignures s'élèvent à cette acuité d'exaspération homicide; c'est dans les masses populaires. Et ce n'est pas seulement dans celles-ci, c'est dans tout rassemblement d'hommes instruits et bien élevés. Une assemblée, même la plus parlementaire du monde, insultée par un orateur, donne parfois ce spectacle d'une meurtrière fureur de susceptibilité.

À quel point les foules, et, en général, les collectivités non organisées, non disciplinées, sont plus mobiles, plus oublieuse, plus crédules, plus cruelles que la plupart de leurs éléments, on a toujours de la peine à se l'imaginer, mais les preuves pullulent. A-t-on seulement songé à remarquer celle-ci ? En octobre 1892, les explosions de dynamite terrorisent Paris ; il semblait qu'il n'y eût rien de plus urgent que de se défendre contre cette menace perpétuelle, et, en effet, quel danger! Mais, après qu'on a eu culbuté un ministère à cette occasion et voté une nouvelle loi sur la presse, spécifique dérisoire contre ce fléau, l'affaire du Panama éclate.

Gabriel Tarde

Dès lors, je veux dire dès le premier jour, quand nul ne pouvait prévoir encore la gravité des révélations prochaines, l'alarme de la veille est oubliée, quoique le péril reste le même, et la curiosité, la malignité publiques, surexcitées, bien avant l'indignation publique, ont complètement dissipé la terreur. Ainsi est fait *l'esprit collectif :* les images s'y succèdent incohérentes, superposées, ou juxtaposées sans lien, comme dans le cerveau de l'homme endormi ou hypnotisé, et chacune à son tour y envahit le champ total de l'attention. Cependant la plupart des esprits individuels qui le composent, qui concourent à former cette grande foule appelée l'Opinion, sont capables de suite de d'ordre dans l'agencement de leurs idées.

Autre exemple : «En mai 1892 [1], dit M. Delbœuf, un malheureux Allemand, tout fraîchement débarqué à Liège, se laisse guider par la foule sur le théâtre d'une explosion de dynamite. À un certain moment, quelqu'un dans cette foule, en le voyant courir plus vite que les autres, le prend pour le coupable, le dit à ses voisins, et cette même foule se met en devoir de l'écharper. Cependant comment était-elle composée ? En somme, de l'élite de la société réunie autour d'un concert. Et l'on a pu entendre des voix de messieurs réclamant un revolver pour tuer à tout hasard un malheureux dont ils ignoraient la nationalité, le nom et le crime! Dans l'affaire de Courtray, où un futur député s'exerçait à jouer un rôle analogue à celui de Basly et consorts dans les grèves, voyez la bêtise de la foule : elle cherche à écharper les experts.» - Dans un ordre d'idées moins tragique, voici un auditoire de café-concert; des Parisiens et des Parisiennes de goût raffiné s'y rassemblent. Pris séparément, ils sont dégustateurs de fine musique, de littérature pimentée, mais savoureuse. Réunis, ils ne font leurs délices que de stupides chansons. En vain Yvette Guilbert a essayé de leur faire accepter des compositions dignes de son talent spécial ; elle y a échoué. Puisqu'il vient d'être question du Panama, on a pu constater dans cette affaire comme dans tant d'autres avec quelle lenteur et quelle faible habileté cette sorte de juge d'instruction collectif appelé une Commission d'enquête accomplit ses opérations, malgré la réelle capacité de ses membres ; il est vraisemblable que chacun d'eux,

1 *Journal de Liège,* du 12 octobre 1892. Article de M. Delbœuf, sur notre rapport au Congrès d'anthropologie criminelle de Bruxelles relatif aux *Crimes des foules.*

Chapitre III : Les foules et les sectes criminelles

investi seul des mêmes pouvoirs, et agissant isolément, ferait de meilleure besogne. En tout cas, il est manifeste que le jury est encore moins intelligent que les jurés [1].

Encore un exemple, que j'emprunte aux mémoires de Gisquet, préfet de police, sous Louis-Philippe. En avril 1892, à Paris, au paroxysme de l'épidémie cholérique, «des bruits répandus et *propagés dans tout Paris avec la rapidité de l'éclair,* attribuèrent *au poison* les effets de l'épidémie, et firent croire aux masses, toujours impressionnables dans de pareils moments, que des hommes empoisonnaient les aliments, l'eau des fontaines, le vin et autres boissons... En peu d'instants, des rassemblements immenses se formèrent sur les quais, sur la place de Grève, etc., et jamais peut-être on ne vit à Paris une si effroyable réunion d'individus, *exaspérés par cette idée d'empoisonnement et recherchant les auteurs de ces crimes imaginaires.*» C'était tout simplement un délire collectif de la persécution. «Toute personne munie de bouteilles, de fioles, de paquets de petit volume, leur paraissant *suspecte ; un simple flacon pouvait devenir une pièce à conviction* aux yeux de cette multitude en délire. Gisquet a parcouru lui-même «ces masses profondes, couvertes de haillons» et, dit-il, «rien ne peut rendre tout ce que leur aspect avait de hideux, l'impression de terreur que causaient les murmures sourds qui se faisaient entendre». Ces affolés sont devenus facilement des massacreurs. «Un jeune homme, employé au ministère de l'intérieur, fut massacré, rue Saint-Denis, sur le seul soupçon d'avoir voulu jeter du poison dans les brocs d'un marchand de vin...» Quatre massacres eurent lieu dans ces conditions... Scènes analogues à Vaugirard et au faubourg Saint-Antoine. Ici «deux imprudents fuyaient, poursuivis par des milliers de forcenés *qui les accusaient d'avoir donné à des enfants une tartine empoisonnée*». Les deux hommes se cachent à la hâte dans un corps de garde; mais le poste est dans un instant cerné, menacé, et rien n'aurait pu empêcher en ce moment le massacre de

1 M. de Vogüé disait un jour, à propos de l'un de nos ministères : «Ces ministres, dont je me plaisais à constater plus haut la valeur individuelle, ces hommes qui, pour la plupart montrent dans leurs départements respectifs d'éminentes qualités d'administrateurs, il semble qu'une paralysie foudroyante les frappe quand ils se trouvent réunis autour de la table du Conseil ou au pied de la tribune, devant une résolution collective à prendre». À combien de ministères, et de parlements, et de Congrès, cette remarque est applicable.

Gabriel Tarde

ces individus, si le commissaire de police et un ancien officier de paix n'avaient eu l'heureuse idée de se partager la tartine aux yeux de la foule. *«Cette présence d'esprit fit aussitôt succéder l'hilarité à la fureur.»* *Ces* affolements sont de tous les temps : foules de toute race et de tout climat, foules romaines accusant les chrétiens de l'incendie de Rome ou d'une défaite de légion et les jetant aux bêtes, foules du moyen âge accueillant contre les Albigeois, contre les juifs, contre un hérétique quelconque les soupçons les plus absurdes, auxquels leur propagation tient lieu de démonstration, foules allemandes de Munzer sous la Réforme, foules françaises de Jourdan sous la Terreur, c'est toujours le même spectacle. Toutes, «terroriste par peur», comme Mme Roland disait de Robespierre.

Sur l'inconséquence des foules, on me signale ce qui se passe en Orient, dans certains pays infectés par la lèpre. Là, dit le docteur Zambaco-Pacha, «dans la plupart des villages, dès qu'on a soupçonné la lèpre, ou qu'on a accusé à tort quelqu'un de l'avoir, le peuple, sans s'adresser à l'autorité ou tout au moins à un médecin, se constitue illico en jury, et lynche celui qu'il déclare lépreux en le pendant à l'arbre le plus proche ou en le pourchassant à coups de pierres» [1]. Mais cette même populace fréquente les chapelles des léproseries, «baise les images aux endroits mêmes où les lépreux ont posé leurs lèvres et communie dans les mêmes calices».

Si mobiles, si inconséquentes, si dépourvues de traditions proprement dites que soient les foules, elles n'en sont pas moins routinières, et en cela aussi elles s'opposent aux corporations qui, dans toute leur période ascendante, sont à la fois tradition-nalistes. Il y a quelques années, j'ai eu un spécimen assez singulier de cette routine caractéristique des hommes rassemblés au hasard. C'était dans les salles d'inhalation du Mont-Dore, dans l'ancien établissement. Là, trois ou quatre cents hommes sont entassés dans un espace étroit, au milieu des vapeurs d'eau à 401 qui s'échappent du centre de la pièce. On s'ennuie, et, pour se distraire, au lieu de causer comme dans la salle des dames, on cherche à s'agiter; et l'on se met à tourner processionnellement, en gilet de flanelle, autour de la chaudière centrale. Mais, chose remarquable, tout le monde tourne toujours du même côté, - dans le sens des

1 *Voyage chez les lépreux,* par le Dr Zambaco-Pacha (Paris, Masson, 1891).

aiguilles d'une montre, si j'ai bonne mémoire, jamais en sens inverse. Du moins, cela s'est passé ainsi pendant tout le mois où j'ai subi cette insipide médication. Quelquefois j'ai essayé, au début de la séance, d'opérer un remous, un renversement de cette giration monotone ; je n'ai pu y parvenir. Tous les tourneurs, ou la plupart d'entre eux, se souvenaient d'avoir tourné la veille d'une manière, et, inconsciemment, en vertu de cet instinct d'imitation qui nous suit partout, qui est avec l'instinct de sympathie et de sociabilité en rapport réciproque de cause et d'effet, chacun tendait à suivre fidèlement l'impulsion reçue. Par ce trait, entre parenthèses, on peut mesurer la force sociale du besoin d'imiter. Car, si un acte insignifiant, aussi peu propre à émouvoir l'esprit ou le cœur, que celui du premier baigneur qui a eu l'idée de tourner dans ce sens, a été suggestif à ce point et a développé une tendance collective aussi enracinée, quelle doit être la puissance contagieuse de passions soulevées dans les masses par un chef qui leur souffle des idées de meurtre, de pillage et d'incendie, ou leur promet monts et merveilles! Le docteur Aubry, qui, dans son intéressant ouvrage sur *la Contagion du meurtre*, a fort bien étudié les phénomènes de ce dernier ordre, m'a cité une petite observation faite par lui pendant ses études et qui vient à l'appui de la réflexion précédente, «Dans les amphithéâtres de dissection, m'écrivait-il, on travaille beaucoup, mais le travail est de telle nature qu'il n'empêche pas de causer ni de chanter. Un jour, mes camarades et moi, nous fûmes frappés d'un trait psychologique que nous baptisâmes le *réflexe musical. Voici* en quoi il consistait. Au moment où le silence était aussi complet que possible, si l'un de nous chantait quelques mesures d'un air connu, puis s'arrêtait brusquement, presque aussitôt après, dans un autre coin quelconque de la salle, un étudiant continuait, en travaillant, l'air commencé. Nous avons fréquemment reproduit cette expérience et toujours avec succès. Souvent nous avons questionné notre continuateur, qui était tantôt l'un, tantôt l'autre de nos camarades, et nous avons compris par ses réponses qu'il ne s'était pas aperçu d'avoir suivi une impulsion, continué une chose commencée. N'y a-t-il pas dans cette suggestion, quelquefois inconsciente, quelque chose qui jette un peu de lumière sur ces idées apparues, on ne sait ni pourquoi ni comment dans les foules, venues on ne sait d'où et répandues avec une rapidité vertigineuse ?» [1]

Revenons. Le public de théâtre donne lieu à des remarques analogues. S'il est le plus capricieux des publics, il en est aussi le plus moutonnier : il est aussi difficile de prévoir ses caprices que de réformer ses habitudes. D'abord, ses manières d'exprimer l'approbation ou le blâme sont toujours les mêmes dans un même pays : applaudissements et sifflets, chez nous, Puis, ce qu'il est habitué à voir sur la scène, il faut qu'on le lui montre toujours, quelque artificiel que cela puisse être ; et ce qu'il est habitué à n'y pas voir, il est dangereux de le lui montrer. Encore est-il à noter qu'un auditoire de théâtre est une foule assise, c'est-à-dire n'est foule qu'à demi. La vraie foule, celle où l'électrisation par le contact atteint son plus haut point de rapidité et d'énergie, est composée de gens debout et, ajoutons, en marche. Mais cette différence n'a pas toujours existé. En 1780 encore, - j'en trouve la preuve dans un article du *Mercure de France* du 10 juin 1780, - le parterre se tenait debout dans les principaux théâtres, et l'on commençait à peine à parler de le faire asseoir. il y a lieu de penser que le parterre, en s'asseyant, s'est assagi; et il en a été de même de l'auditoire politique et judiciaire chez les peuples qui, après avoir eu d'abord des parlements forains composés de guerriers ou de vieillards debout sous les armes, ont fini par avoir des assemblées closes dans des palais et assises sur des fauteuils ou des chaises curules. Il est probable aussi que ce changement d'attitude a donné à chaque auditeur un peu plus de force pour résister à l'entraînement de ses voisins, un peu plus d'indépendance individuelle. S'asseoir c'est commencer à s'isoler en soi. Le parterre est devenu, ce semble, moins *misonéiste* depuis qu'il s'est assis; c'est seulement à partir de cette époque que la scène française a commencé à s'émanciper. Pourtant, même parmi des spectateurs assis, subsistent les agents de suggestion mutuelle les plus efficaces, surtout la vue. Si les spectateurs ne se voyaient pas entre eux, s'ils assistaient à une représentation, comme les détenus

1 Le Dr Bajnow, aliéniste russe, rapporte un trait qui confirme et amplifie singulièrement l'observation du Dr Aubry. Il y a une quinzaine d'années, sur une scène de Moscou, Sarah Bernhardt jouait la Dame aux camélias. Au 5e acte, au moment le plus dramatique, quand tout le public était suspendu à ses lèvres et qu'on eût entendu une mouche voler, Marguerite Gauthier, se mourant de phtisie, s'est mise à tousser. Aussitôt une épidémie de toux a gagné l'auditoire, et, pendant quelques minutes, on n'a pu entendre les paroles de la grande actrice.

Chapitre III : Les foules et les sectes criminelles

de prisons cellulaires entendent la messe, dans de petites boîtes grillées d'où il leur serait impossible de se voir les uns les autres, il n'est point douteux que chacun d'eux, subissant l'action de la pièce et des acteurs pure de tout mélange avec l'action du public, jouirait bien plus pleinement de la libre disposition de son goût propre, et que, dans ces salles étranges, on serait beaucoup moins unanime soit à applaudir, soit à siffler. Dans un théâtre, dans un banquet, dans une manifestation populaire quelconque, il est rare que, même en désapprouvant *in petto* les applaudissements, les toasts, les vivats, on ose ne pas applaudir aussi, ne pas lever son verre, garder un silence obstiné au milieu des cris enthousiastes. À Lourdes, il y a des sceptiques qui, demain, au souvenir de tout ce qu'ils voient aujourd'hui, de ces bras en croix, de ces cris de foi poussés par une voix quelconque et aussitôt répétés par toutes les bouches, de ces baisements de terre et de ces prosternations en masse sur l'ordre d'un moine, feront des plaisanteries sur tout cela. Mais aujourd'hui ils ne rient point, ils ne protestent point, et, eux aussi, ils baisent la terre ou font semblant et, s'ils ne tiennent pas les bras en croix, en ébauchent le geste... Est-ce peur? Non : ces foules pieuses n'ont rien de féroce. Mais on ne veut pas *scandaliser*. Et cette crainte du scandale, qu'est-ce, au fond, si ce n'est l'importance extraordinaire attribuée par le plus dissident et le plus indépendant des hommes au blâme collectif d'un public composé d'individus dont chaque jugement particulier ne compte pour rien à ses yeux ? D'ailleurs, cela ne suffit pas à expliquer toujours la condescendance habituelle et remarquable de l'incrédule à l'égard des multitudes ferventes où il est noyé. Il faut, je crois, admettre aussi qu'au moment où un frisson d'enthousiasme mystique passe sur elles, il en prend sa petite part et se trouve avoir le cœur traversé d'une foi fugitive. Et, cela admis et démontré pour les foules pieuses, nous devons faire usage de cette remarque pour expliquer ce qui se passe dans les foules criminelles, où souvent un courant de férocité momentané traverse et dénature un cœur normal.

C'est une banalité, et aussi une exagération, de vanter le «courage civil» aux dépens du courage militaire, qui passe pour être moins rare. Mais ce qu'il y a de vrai dans cette idée banale s'explique par la considération qui précède. Car le courage civil consiste à lutter contre un entraînement populaire, à refouler un courant, à émettre devant une assemblée, dans un conseil, une opinion dissidente, isolée, en opposition avec celle de la majorité, tandis que le courage militaire consiste, en général, à se distinguer dans un combat en subissant au plus haut degré l'impulsion ambiante, en allant plus loin que les autres dans le sens même où l'on est poussé par eux. Quand, par exception, le courage militaire exige lui-même qu'on résiste à un entraînement, quand il s'agit, pour un colonel, de s'opposer à une panique, ou, à l'inverse, de retenir l'élan inconsidéré des troupes, une telle audace est chose plus rare encore, et avouons-le, plus admirable qu'un discours d'opposition dans une Chambre de députés.

En somme, par son caprice routinier, sa docilité révoltée, sa crédulité, son nervosisme, ses brusques sautes de vent psychologiques de la fureur à la tendresse, de l'exaspération à l'éclat de rire, la foule est femme, même quand elle est composée, comme il arrive presque toujours, d'éléments masculins. Fort heureusement pour les femmes, leur genre de vie, qui les renferme dans leur maison, les condamne à un isolement relatif. En tout pays, à toute époque, les réunions d'hommes sont plus fréquentes, plus habituelles, plus nombreuses que les réunions de femmes. À cela tient peut-être en partie l'écart si grand entre la criminalité des deux sexes, au profit du plus faible. La moindre criminalité des campagnes comparées aux villes est un fait qui peut se rattacher à la même cause. Le campagnard vit à l'état de dispersion habituelle. Quand, par hasard, les femmes pratiquent la vie de rassemblement quotidien, - je ne dis pas la vie corporative, sous forme monastique ou autre, - leur dépravation atteint ou dépasse celle de l'homme. Et pareillement, quand le paysan, les années où la vie est à très bon marché, cultive l'auberge autant que l'ouvrier le café, il devient facilement plus immoral que l'ouvrier et plus redoutable. Karl Marx, dans le Capital (chap. XXV), fait un tableau pittoresque des bandes d'ouvriers agricoles qui, recrutée par un chef «vagabond, noceur, ivrogne, mais entreprenant et doué de savoir-faire», promènent leurs bras dans divers comtés d'Angleterre. «Les vices de ce système, dit-il, sont l'excès de travail imposé aux enfants et aux jeunes gens.... et la démoralisation de la troupe ambulante. La

Chapitre III : Les foules et les sectes criminelles

paye se fait à l'auberge au milieu de libations copieuses. Titubant, s'appuyant de droite et de gauche sur le bras robuste de quelque virago, le digne chef marche en tête de la colonne, tandis qu'à la queue la jeune troupe folâtre et entonne des chansons moqueuses ou obscènes. Les villages ouverts, souche et réservoir de ces bandes, deviennent des Sodomes et des Gomorrhes...»

Jusqu'ici nous nous sommes plus spécialement occupés des foules; attachons-nous maintenant davantage aux corporations. Mais d'abord indiquons le rapport que celles-ci ont avec celles-là, et la raison que nous avons eue de les réunir en une même étude. Cette raison est bien simple : d'une part, une foule tend à se reproduire à la première occasion, à se reproduire à intervalles de moins en moins irréguliers, et, en s'épurant chaque fois, à s'organiser corporativement en une sorte de secte ou de parti ; un club commence par être ouvert et public; puis, peu à peu, il se clôt et se resserre; d'autre part, les meneurs d'une foule sont le plus souvent non des individus isolés, mais des *sectaires*. Les sectes sont les ferments des foules. Tout ce qu'une foule accomplit de sérieux, de grave, en bien comme en mal, lui est inspiré par une corporation. Quand une multitude accourue pour éteindre un incendie déploie une intelligente activité, c'est qu'elle est dirigée par un détachement de la corporation des pompiers. Quand un attroupement de grévistes frappe précisément où il faut frapper, détruit ce qu'il faut détruire, - par exemple les outils des ouvriers restés à l'usine, - pour atteindre son but, c'est qu'il y a derrière elle, sous elle, un syndicat, une union, une association quelconque [1]. Les foules manifestantes, processions, enterrements à

1 Parfois on le constate, mais à tort, parce que le fait ne peut toujours être judiciairement démontré. Dans son ouvrage, très documenté d'ailleurs, et très intéressant, sur *les Associations professionnelles en Belgique* (Bruxelles, 1891), M. Banderelde, le grand tribun du socialisme belge, blâme un arrêt de la Cour d'assises du Hainault de juillet 1886, qui a condamné plusieurs membres de l'Union verrière de Charleroi pour provocation aux troubles causés par la grève des ouvriers verriers, en mars de cette même année. Il n'y avait contre eux, nous dit-il, que «d'insuffisantes présomptions». Mais, quelques lignes plus haut, il vient de nous dire que, longtemps avant la grève, l'Union verrière se préparait à la lutte : «une lutte terrible, une lutte à mort, écrivait son président aux sociétés d'Angleterre et des États-Unis». Or, *sur ces entrefaites,* éclatent les émeutes de mars 1886 ; le 25, des milliers de mineurs remontent leurs outils; le lendemain, cette masse énorme se répand sur le pays, arrête les machines, pille les verreries... anéantit l'établissement Baudoux» ; en un

Gabriel Tarde

allure triomphale, sont soulevées par des confréries ou des cercles politiques. Les Croisades, ces immenses foules guerrières, ont jailli des ordres monastiques, à la voix d'un Pierre l'Ermite ou d'un saint Bernard. Les levées en masse de 1792 ont été suscitées par des clubs, encadrées et disciplinées par les débris des anciens corps militaires. Les septembrisades, les jacqueries de la Révolution, ces bandes incendiaires ou féroces, sont éruptions du jacobinisme ; partout, à leur tête, on voit un délégué de la *section* voisine. Là est le danger des sectes : réduites à leurs propres forces, elles ne seraient presque jamais très malfaisantes ; mais il suffit d'un faible levain de méchanceté pour faire lever une pâte énorme de sottise. Il arrive fréquemment qu'une secte et une foule, séparées l'une de l'autre seraient incapables de tout crime, mais que leur combinaison devient facilement criminelle.

Les sectes, d'ailleurs, peuvent se passer des foules pour agir; c'est le cas de celles qui ont le crime pour but principal ou pour moyen habituel, telles que la maffia sicilienne, la camorra napolitaine. Comme il a été dit plus haut, les corporations vont plus loin que les foules dans le mal comme dans le bien. Rien de plus bienfaisant que la Hanse au moyen âge ; rien de plus malfaisant, de nos jours, que la secte anarchique [1]. Ici et là, même force d'expansion, salutaire ou terrible. Née en 1241, la Hanse était devenue, en peu d'années, avec une rapidité de propagation inouïe à cette époque «la suprême expression de la vie collective, la concentration de toutes les gildes marchandes de l'Europe» [2]. Au XVIe siècle, elle forme une fédération qui comprend plus de quatre-vingts villes et étend ses factories de Londres à Novgorod. Elles n'est cependant «fondée que sur le libre consentement des gildes et des villes; elle ne connaît d'autre moyen de discipline que l'exclusion, et si grande est la force corporative que la Hanse exerce néanmoins un ascendant

---

mot, exécute tout le programme de l'Union. Ce sont là des présomptions graves, sinon suffisantes.

1 J'entends l'anarchisme qui pratique, ou plutôt qui pratiquait *la propagande par le fait*. Quant aux purs libertaires, ils jouent un rôle utile, comme contrepoids à l'émigration sociale.

2 J'emprunte ces lignes à M. Prins, le criminaliste belge bien connu, qui, dans son livre très instructif, sur *la Démocratie et le Régime parlementaire (2e* édition), s'étend longuement sur le régime corporatif, si florissant jadis, et subsistant encore dans certaines provinces de son pays.

Chapitre III : Les foules et les sectes criminelles

sur toute l'Europe», dans l'intérêt majeur du commerce européen, L'anarchisme s'est propagé aussi rapidement. Vers 1880, le prince Kropotkine, son inventeur, fondait à Genève le *Révolté;* puis, en 1881, à Lyon, le *Droit social,* feuilles presque sans lecteurs. "En 1882, dit M. l'avocat général Bérard [1], quelques adeptes à Lausanne ou à Genève, deux ou trois individus isolés à Paris, un ou deux groupes à Lyon avec ramifications à Saint-Étienne, à Villefranche-sur-Saône et à Vienne, en tout une soixantaine, une centaine, si vous voulez, de personnes ; c'était alors toute la légion anarchiste». Dix ans plus tard, le 28 mars 1892, une réunion purement anarchiste a lieu à Paris, approuvant expressément Ravachol et ces complices. Il y avait 3 000 personnes, et de nombreux télégrammes avaient été envoyés de la France et de l'étranger pour s'unir de cœur à l'assemblée». Les anarchistes sont nombreux, très nombreux, dans la classe ouvrière», dit le chimiste M. Girard, qui a souvent affaire à eux. D'après M. Jehan Préval [2], l'anarchisme n'est pas un simple ramassis de brigands, mais «un parti en voie de s'organiser, avec un but bien défini et avec l'espoir, assurément fondé, d'entraîner, à sa suite au fur et à mesure des succès obtenus, la plus grande masse du prolétariat urbain». Les anarchistes sont appelés par le même écrivain «les chevaux-légers du socialisme». la propagation du nihilisme en Russie n'a pas été moins rapide. Les grands procès qui l'ont frappé en 1876 et 1877 en sont une preuve [3].

Entre les meilleures corporations et les plus criminelles, il y a une autre similitude : les unes comme les autres sont des formes de cette fameuse «lutte pour la vie" dont on a tant abusé; formule commode qui doit les trois quarts de son succès, comme bien des gens, à sa souplesse seule. En effet, considérons les plus fécondes corporations du moyen âge : "Que l'on prenne, dit M. Prins, les plus anciennes et les plus simples, les gildes d'Abbotsburg, d'Exter ou de Cambridge, fondées au XIe siècle en Angleterre ; celle du Mans ou de Cambrai, fondées en 1070 et 1076; celle d'Amicitia dans la ville d'Aire, en Flandre, dont le comte Philippe confirma les statuts, en 1188; ou que l'on étudie les plus puissantes corporations au temps

---

1 *Les Hommes et les Théories de l'anarchie,* par Bérard (Archives de l'anthropologie criminelle, n° *42).*
2 *Anarchie et Nihilisme,* par Jeahan Préval *(2e* édition, *1892),* Savine, éditeur.
3 *Le Socialisme allemand et le Nihilisme russe,* par Bourdeau *(1892).*

Gabriel Tarde

de leur splendeur : les foulons de Gand, les épiciers de Londres, les pelletiers d'Augsbourg au XIVe siècle; c'est toujours l'application d'un même principe : des hommes, incertains de l'avenir et menacés dans leurs intérêts, cherchent le remède dans la solidarité. Leur histoire est d'ailleurs très simple : c'est la lutte des petits contre les grands». On en dirait autant des universités de jadis, grandes corporations intellectuelles, et même des corporations artistiques de la même époque, par exemple de celle des peintres constituée à Gand, en 1337, sous le patronage de saint Luc. Mais une bande de brigands, elle aussi, n'est que cela : une lutte contre la Société supérieure. Seulement, il faut convenir que sa manière de lutter est toute différente. Pourquoi l'est-elle? Pourquoi cette même cause, l'ardent désir d'un sort meilleur, a-t-elle poussés les uns à se solidariser dans le travail, les autres à se concerter pour le meurtre?

Cette question, c'est le problème même des «facteurs du crime» si agité parmi les criminalistes contemporains : mais c'est ce problème transporté des individus aux groupes, et posé pour les délits collectifs. En se déplaçant de la sorte, il s'éclaire et s'élargit, et offre un moyen de contrôler certaines solutions hâtives auxquelles les délits individuels ont donné lieu. Ce n'est pas le moment de nous étendre sur ce contrôle. Par cette comparaison on s'apercevrait aisément que l'influence du climat, de la saison, de la race, des causes physiologiques, est ici certaine, mais qu'elle a été fort exagérée. On verrait que la part des causes physiques va décroissant dans les groupes, à mesure qu'en s'organisant ils vont ressemblant davantage à une personne individuelle ; que, par suite, elle est plus grande dans la formation, dans l'orientation honnête ou délictueuse des foules que dans celle des associations disciplinées. L'été, dans le Midi, pendant le jour, quand il fait beau, il est infiniment plus facile de provoquer des désordres dans la rue que l'hiver, au Nord, la nuit, et sous une pluie battante ; tandis que, dans les périodes de crise politique, il est presque aussi facile d'ourdir une conspiration l'hiver que l'été, au Nord qu'au Midi, la nuit que le jour ou le jour que la nuit, par un temps pluvieux que par un soleil splendide. On verrait au contraire que le «facteur anthropologique» ou, pour parler plus simplement, la composition du groupe, a une importance plus grande dans les associations que

Chapitre III : Les foules et les sectes criminelles

dans les rassemblements formés sous l'empire d'un sentiment vif et passager. Une foule, même composée d'une majorité d'honnêtes gens, peut se laisser facilement entraîner à des sortes de crimes passionnels, à des accès d'aliénation homicide momentanée, pendant qu'une secte, animée d'un sentiment fort et tenace, ne commet que des crimes réfléchis et calculés, toujours conformes à son caractère collectif et fortement empreints du cachet de sa race.

Mais ce ne sont là que des conditions secondaires. La question est de savoir quelles sont les causes qui les mettent en oeuvre et à profit. Non seulement il n'y a pas de climat ni de saison qui prédestinent au vice ou bien à la vertu, puisque, sous la même latitude et au même mois, on voit éclore toutes sortes de forfaits à côté de toutes sortes de sublimités ou de délicatesses morales, mais il n'y a pas même de race qui soit vicieuse ou vertueuse par nature. Chaque race produit à la fois des individus qui semblent voués par une espèce de prédestination organique, les uns aux divers genres de crimes, les autres aux divers genres de courage et de bonté. Seulement la proportion des uns et des autres, à un moment donné, diffère d'une race à une autre race, ou, bien plutôt, d'un peuple à un autre peuple. Mais cette différence n'est pas constante : elle varie jusqu'à se renverser quand les vicissitudes de l'histoire font changer la religion, les lois, les institutions nationales, et baisser ou monter le niveau de la richesse et de la civilisation. L'Écosse, après avoir été pendant des siècles le pays de l'Europe le plus fertile en meurtres, d'après la statistique, est aujourd'hui le pays de l'Europe le moins meurtrier à population égale. Le nombre proportionnel des Écossais qu'on aurait cru pouvoir qualifier d'homicides-nés a diminué des neuf dixièmes environ en moins d'un siècle. Et si telle est la variabilité numérique dite innée, combien plus variable encore doit être la criminalité acquise ? Comment s'expliquent ces variations ? Pourquoi un plus ou moins grand nombre de criminels naissent-ils ou deviennent-ils tels, et dans tel ou tel genre ? C'est là le nœud du problème.

Parmi les associations criminelles, nous pouvons distinguer aussi, si bon nous semble, celles qui sont des criminelles nées, et même cette expression à ce sujet rencontrera sans nul doute bien moins de contradicteurs que dans son acception habituelle; car assurément on voit des sectes naître tout exprès pour le brigandage, la rapine, l'assassinat, très différentes en cela de beaucoup d'autres qui, après avoir eu des fins plus nobles, se sont perverties; la mafia et la camorra, par exemple, ont commencé par être des conspirations patriotiques contre un gouvernement étranger. - Mais cette distinction, qui a paru si capitale et a suscité tant de polémiques à propos de la criminalité individuelle, n'a pas la moindre portée dans son application à la criminalité collective. Criminelle de naissance ou criminelle de croissance, une secte qui fait le mal est pareillement haïssable, et les plus dangereuses sont souvent celles qui en grandissant ont dévié de leur principe initial. Si nous cherchons à remonter aux causes qui y font naître pour le crime les unes ou qui ont fait tomber les autres, nous trouverons que ce sont les mêmes, à savoir des causes d'ordre psychologique et social. Elles agissent dans les deux cas, de deux manières différentes et complémentaires : 1 - en suggérant à quelqu'un l'idée du crime à commettre ; 2 - en propageant cette idée, ainsi que le dessein et la force de l'exécuter. Quand il s'agit d'un crime individuel, la conception et la résolution, l'idée et l'exécution, sont toujours distinctes et successives, mais se produisent dans un seul et même individu; c'est la principale différence avec le crime collectif, où divers individus se partagent les tâches, où les meneurs et les inspirateurs vrais ne sont jamais les exécuteurs. Différence analogue à celle qui sépare la petite industrie de la grande : dans la première, le même artisan est, en même temps, entrepreneur et ouvrier, il est son propre patron; dans la seconde, patrons et ouvriers font deux, comme on ne le sait que trop.

Or qu'est-ce qui suggère l'idée du crime ? et je pourrais aussi bien dire l'idée de génie? Les principes et les besoins, les maximes avouées ou inavouées et les passions cultivées plus ou moins ouvertement qui règnent dans la société ambiante, je ne dis pas toujours dans la grande société, mais dans la société étroite, et d'autant plus dense, où l'on est jeté par le sort. Une idée de crime, pas plus qu'une invention géniale, ne jaillit du sol par génération spontanée. Un crime, - et cela est surtout vrai des crimes collectifs, - se présente toujours comme une déduction hardie, mais guère moins conséquente que hardie, le plus souvent, de prémisses posées par les vices traditionnels ou l'immoralité nouvelle, par les préjugés ou le scepticisme d'alentour, comme une excroissance logique en quelque sorte, - et non pas seulement psychologique, - sortie de certains relâchements de conduite, de certains écarts habituels de parole ou de plume, de certaines lâches complaisances pour le succès, l'or, le pouvoir, de certaines négations sceptiques et inconsidérées, par système ou par genre, qui ont cours même parmi les plus honnêtes gens d'une époque et d'un pays. Dans un milieu féodal régi par le point d'honneur, l'assassinat par vengeance ; dans un milieu modernisé, envahi par la cupidité voluptueuse, le vol, l'escroquerie, l'homicide cupide, sont les délits dominants. Ajoutons que la forme et les caractères propres du délit sont spécifiés par l'état des connaissances théoriques ou techniques répandues dans ce milieu. Tel qui eût conçu, avant les derniers progrès de la chimie, un empoisonnement par un poison minéral, songera maintenant à empoisonner à l'aide d'un toxique végétal ; tel qui, hier, eût imaginé laborieusement une machine infernale dans le genre de Fieschi, étudiera aujourd'hui une nouvelle cartouche de dynamite à fabriquer, plus maniable et plus pratique, une cartouche de poche. Et cette spécification de procédés est loin d'être indifférente ; car, en enrichissant l'outillage du crime comme celui de l'industrie, le développement des sciences prête au crime une puissance monstrueusement croissante de destruction et rend l'idée et le dessein du crime accessibles à des cœurs plus lâches, plus nombreux, à un cercle toujours agrandi de consciences molles que le maniement, très dangereux, de la machine infernale de Fieschi ou de Cadoudal ou du couteau de Ravaillac eût épouvantés, et qui ne tremblent pas à la pensée de déposer dans un escalier une marmite à renversement.

Une invention, en général, - car l'idée première d'un crime n'est qu'une espèce relativement très facile d'invention, - est une œuvre logique au premier chef ; et voilà pourquoi on a souvent dit avec exagération, mais non sans une part de vérité, que le mérite de l'inventeur se bornait à cueillir un fruit prêt à tomber. La formule newtonienne est déduite logiquement des trois lois de Képler, elles-mêmes implicitement contenues dans le résultat d'observations astronomiques accumulées depuis Tycho-Brahé et les astronomes chaldéens. La locomotive découlait de la machine à vapeur de Watt et du char antique et de nos besoins accrus de locomotion ; le télégraphe électrique découlait d'une découverte d'Ampère et de nos besoins multipliés de communication. L'inventeur scientifique, militaire, industriel, criminel, est un logicien à outrance. Ce n'est pas à dire, qu'il soit donné à tout le monde de déduire ainsi et que les prémisses élaborées par tous se soient concentrées d'elles-mêmes dans un cerveau sans nulle participation efficaces de celui-ci; il a été leur carrefour, à raison de sa passion caractéristique, cupidité ou curiosité, égoïsme ou dévouement à la vérité, qui a cherché et trouvé les moyens propres à atteindre ses fins. Et pour opérer cette convergence, pour formuler cette conséquence, audacieusement, en bondissant par-dessus les timidités d'esprit ou les répugnances morales qui retiennent dans un état habituel d'inconséquences inconsciente, soit fâcheuse, soit salutaire, les autres hommes, il a fallu une organisation exceptionnelle, un corps formé par une monade dirigeante des plus fortement trempées, des plus closes en soi et persévérantes en leur être. N'importe, sans l'ensemencement social, il est certain que cette terre féconde du caractère individuel n'eût rien fait germer.

Donc, les hommes de génie d'une société lui appartiennent, mais ses criminels aussi; si elle s'honore à juste titre des uns, elle doit s'imputer à elle-même ceux-ci, quoiqu'elle ait le droit de leur imputer à eux-mêmes leurs actes. Cet assassin tue pour voler parce qu'il entend célébrer partout et par-dessus tout les mérites de l'argent ; ce satyre a entendu dire que le plaisir est le but de la vie; ce dynamiteur ne fait qu'accomplir ce que conseillent tous les jours des feuilles anarchistes, et celles-ci, qu'ont-elles fait, si ce n'est de tirer les corollaires rigoureux de ces axiomes : la propriété, c'est le vol; le capital, c'est l'ennemi ? Tous entendent rire de la morale, ils sont immoraux pour n'être pas inconséquents. Les classes supérieures, que le crime atteint, ne s'aperçoivent pas que ce sont elles qui en ont émis le principe, quand elles n'en ont pas donné l'exemple.

jusqu'à des dates assez récentes, on a pu à la rigueur soutenir ce paradoxe que, si la marée montante du délit attestée depuis trois quarts de siècles par nos statistiques était en elle-même un mal réel, elle n'avait nullement la valeur d'un symptôme; que la perversité des coquins pouvait monter et même s'étendre constamment, sans qu'il fût le moins du monde prouvé par là que l'honnêteté des honnêtes gens allât s'abaissant. Loin de là, il se pouvait fort bien que la moralisation des masses cultivées ou incultes fît de réels progrès pendant que le crime en faisait de son côté. Ces choses ont été dites, et imprimées, par des optimistes on ne peut plus sincères, particulièrement imprégnées de cette infatuation collective qui est propre à notre temps. Mais, depuis les explosions de dynamite et l'affaire du Panama, je ne pense pas que ce langage soit encore de mise. Il y a quelque chose de trop significatif dans la coïncidence de cette épouvante et de ce scandale, l'une révélant les désespérances et les haines d'en bas, l'autre la démoralisation et les égoïsmes d'en haut. Et le tout coïncide trop bien avec les courbes ascendantes de la statistique criminelle [1]. Devant ce spectacle, on serait tenté de comparer notre état social à un vaisseau de guerre dont va sauter la soute aux poudres si l'on ne songeait à cette portion restée forte et saine malgré tout, de nos nations européennes, leurs armées. Et l'on se consolerait presque, alors, de la nécessité de l'universel armement si elle ne recelait de si gros dangers, dont le moindre assurément est qu'elle a sa petite part dans les conditions sociales, d'où est née, ou plutôt ressuscitée, «l'idée» anarchique. On ne tourne pas impunément l'esprit d'invention, comme nous l'avons fait depuis plus de trente ans, vers la découverte de nouveaux explosifs militaires, d'engins formidables tels que les torpilles et les obus de mélinite. À force d'exalter comme de vrais bienfaiteurs de l'humanité les inventeurs de ces monstruosités, on a habitué l'imagination humaine aux horreurs de leurs effets; et après avoir inventé ces choses contre l'ennemi du dehors, rien n'a paru plus naturel que de s'en servir contre l'ennemi ou le rival du dedans, contre l'étranger intérieur...

Passons à notre seconde question : l'idée criminelle une fois conçue, pourquoi et comment se répand-elle et s'exécute-t-elle ? Pourquoi et comment a-t-elle trouvé à s'incarner aujourd'hui en

1 Depuis que ces lignes ont été écrites, une légère amélioration s'est produite au point de vue criminel.

Gabriel Tarde

une secte plus ou moins vaste, plus ou moins forte et redoutable, qui la réalise, tandis qu'en d'autres temps, elle n'aurait pas recruté dix adhérents? Ici surtout les influences toutes sociales l'emportent sur les prédispositions naturelles. Sans doute, celles-ci sont requises dans une certaine mesure vague, par exemple un penchant prononcé au délire haineux, à la crédulité soupçonneuse ; mais ces aptitudes avortent s'il ne s'y joint, ce qui est essentiel, une préparation des âmes par des conversations ou des lectures, par la fréquentation de clubs, de cafés, qui ont jeté sur elles, en une longue contagion d'imitation lente, la semence d'idées antérieures propres à faire bien accueillir la nouvelle venue. Une idée se choisit ainsi ses hommes parmi ceux que d'autres idées lui ont faits. Car une idée ne se choisit pas seulement, mais se fait toujours ses hommes, comme une âme, - ou, si vous aimez mieux, comme un ovule fécondé, - se fait son corps. Et c'est ce que va faire aussi celle-ci : elle enfonce, elle étend peu à peu ses racines dans le terrain qui lui a été préparé. Du premier qui l'a conçue, elle passe, par impressionnabilité imitative encore, dans un seul catéchumène d'abord, puis dans deux, dans trois, dans dix, dans cent, dans mille.

La première phase de cette embryogénie est l'association à deux ; c'est là le fait élémentaire qu'il convient de bien étudier, car toutes les phases suivantes n'en sont que la répétition. Un savant italien, M. Sighele, a consacré un volume à démontrer que, dans toute association à deux, conjugale, amoureuse, amicale, ou criminelle, il y a toujours un associé qui suggestionne l'autre et le frappe à son empreinte. Et il est bon que cette démonstration ait été faite, si superflue qu'elle puisse paraître. Cela est très certain ; gare au ménage où il n'y a ni meneur ni mené: le divorce n'y est pas loin. Dans tous les couples, quels qu'ils soient, se retrouve, plus ou moins apparente ou effacée, la distinction du *suggestionneur* et du *suggestionné*, dont on a tant abusé du reste. Mais, à mesure que l'association s'accroît par l'adjonction de néophytes successifs, cette distinction ne cesse pas de se produire : ce pluriel, au fond, n'est jamais qu'un grand duel, et, si nombreuse que soit une corporation ou une foule, elle est une sorte de couple aussi, où tantôt chacun est suggestionné par l'ensemble de tous les autres, suggestionneur collectif, y compris le meneur dominant, tantôt le groupe entier par celui-ci. Dans ce dernier cas, la suggestion est restée unilatérale; dans le premier, elle est devenue en grande partie réciproque; mais le fait en lui-même n'a pas changé. Il est remarquable que l'un des plus frappants exemples de cette vertu autoritaire inhérente à certains hommes qui s'imposent pour modèle, nous soit fourni par la secte anarchique, fondée cependant, en théorie, sur la suppression radicale du principe d'autorité. S'il y a une société qui dût se passer de chef et de meneur, c'est bien celle-là. Mais il se trouve que, nulle part, ce rôle n'a été joué d'une manière plus brillante ni plus inexplicable que par le prince Kropotkine d'abord à Genève, puis par ses lieutenants ou sous-lieutenants Cyvoct à Lyon, Ravachol à Paris, et d'autres ailleurs. Et qu'est-ce, en somme, que la *propagande par le fait*, préconisée par elle avec trop de succès, si ce n'est la fascination par l'exemple?

Il y a plusieurs manières d'être meneur, d'être suggestif, *impressionnant.* En premier lieu, on peut l'être autour de soi ou à distance, distinction importante. Car tel modèle agit à distance qui, de près, serait sans nulle action ou agirait autrement, ce qui n'a jamais eu lieu en fait d'hypnotisation véritable... par où l'on voit, entre parenthèses, que l'assimilation du phénomène qui nous occupe aux phénomènes hypnotiques ne doit pas être exagérée. Rousseau, par exemple, lu et relu, a fasciné Robespierre. Rousseau, dirait volontiers M. Sighele, a été *l'incube* et Robespierre le su*ccube.* Mais il est infiniment probable que, s'ils s'étaient personnellement connus, le charme entre eux n'eût pas été long à se rompre. Il en est de même du rapport qui s'établit entre les journalistes et leurs lecteurs, entre un poète, un artiste, et ses admirateurs qui ne le connaissent pas, entre un Karl Marx, sibyllin, et des milliers de socialistes ou d'anarchistes qui l'ont épelé. L'œuvre est souvent bien plus fascinatrice que l'ouvrier. - En second lieu, de loin ou de près, c'est le degré exceptionnel tantôt de la volonté, l'intelligence restant médiocre, tantôt de l'intelligence ou seulement et surtout de la conviction, malgré la faiblesse relative du caractère, tantôt d'un robuste orgueil ou d'une vigoureuse foi en soi-même, dont on s'est fait l'apôtre, tantôt d'une imagination créatrice, qui donne à un homme de l'ascendant sur d'autres hommes. Il ne faut pas confondre ces diverses manières de mener ; et, suivant celle d'entre elles qui prédomine, l'action exercée par le même homme peut être excellente ou funeste. Ces quatre sortes principales d'influences, une volonté de fer, un coup d'œil d'aigle et une foi forte, une imagination puissante, un intraitable orgueil, sont souvent unis chez les primitifs; et de là sans doute la profondeur de leur idolâtrie pour certains chefs. Mais, au cours de la civilisation, elles se séparent et, sauf certaines exceptions très remarquables, - par exemple Napoléon, - divergent de plus en plus, l'intelligence notamment s'affinant aux dépens du caractère qui fléchit ou de la force de croire qui s'émousse. L'avantage est de tendre à mutualiser l'action suggestive, primitivement unilatérale. - En outre, ce n'est pas aux mêmes supériorités que l'efficacité dominante appartient dans l'action de près et dans l'action à distance. Dans celle-ci, c'est la supériorité intellectuelle ou imaginative qui est surtout opérante : dans celle-là, c'est surtout la force de la décision, même brutale, de la conviction, même fanatique, de l'orgueil, même fou, qui est contagieuse. La civilisation a pour effet, heureusement, d'accroître sans cesse la proportion des actions à distance sur les autres, par l'extension incessante du champ territorial et du nombre des renommées, due à la diffusion du livre et du journal ; et ce n'est pas le moindre service qu'elle nous rend, et qu'elle nous doit en compensation de tant de maux. Mais dans le cas des foules, c'est l'action de près qui se déploie avec toute son intensité, trouble et impure; dans le cas des corporations, beaucoup moins et beaucoup mieux si ce n'est quand il s'agit de ces associations criminelles sans passé et sans avenir que l'empire malfaisant d'un homme suscite et qui meurent après lui.

Pour revenir à la secte anarchique *pratiquante,* si elle est toute récente et sans passé, ce n'est que sous sa forme actuelle, car, d'un simple coup d'œil jeté sur ses formes antérieures, on aperçoit qu'elle est très antique. Le rêve apocalyptique de l'universelle destruction pour le plus grand bien de l'univers n'est point nouveau sous le soleil. Tous les prophètes hébreux ont vécu de cette vision. Après la prise de Jérusalem et la démolition du temple, l'an 70 de notre ère, l'Empire romain vit éclore nombre d'apocalypses variées, juives ou chrétiennes, toutes semblables en ceci, qu'elles prédisaient la ruine complète et soudaine de l'ordre établi, dans le ciel et sur la terre, comme nécessaire prélude à une triomphante résurrection. Rien de plus ordinaire, aux époques de cataclysmes, - une éruption du Vésuve ou un grand tremblement de terre, - que cette conception de la fin du monde et du jugement dernier, quelque démenti qu'elle oppose au prétendu *misonéisme* des peuples anciens. Ainsi, les dynamiteurs actuels ne font que reprendre à leur compte le cauchemar des millénaires. Seulement c'est en raison des péchés du monde, de la non-observation de la Loi, que les fanatiques de Jérusalem voulaient l'extermination générale, et ils étaient convaincus d'après les Livres infaillibles, qu'elle serait suivie d'une ère de prospérité promise par Dieu même. Ils précisaient les détails de ce règne du Messie. Mais nos anarchistes, quand on leur demande ce qu'ils mettront à la place de la société démolie et rasée, ou ne répondent rien, ou, poussés à bout, parlent vaguement de la «bonne loi naturelle» à restaurer [1]. Ils ne nous montrent point les Livres saints où se lirait l'annonce certaine de leur Messie à eux et de son règne ineffable. Puis, ce n'est point à cause du mal moral, mais uniquement du mal économique et matériel dont souffre le monde, qu'ils ont résolu son épouvantable anéantissement.

Par une parenté plus directe, les anarchistes se rattachent aussi aux régicides de ce siècle et des siècles antérieurs, malgré la différence apparente des mobiles, d'ordre politique ici, là d'ordre social. À coup sûr, si les auteurs des machines infernales dirigées contre le Premier Consul, Louis-Philippe, Napoléon III, avaient connu la dynamite, c'est cette substance qu'ils auraient choisie pour leurs attentats, comme l'ont fait les adversaires politiques du président de Vénézuéla, qui, le 2 avril 1872, pendant la guerre civile de cet État, ont dynamité son palais, et, par miracle, ne l'ont pas atteint.

---

1 Voy. dans le journal *Le Matin* des 11, 12 et 13 novembre 1892, divers articles, et notamment un article de M. Hugues Le Roux, intitulé : Un *déjeuner chez les dynamiteurs.* L'interlocuteur de M. Le Roux lui a exposé son programme : ils veulent forcer la bourgeoisie, par la dynamite, à «faire son examen de conscience» et terroriser pour régner. «Croyez-le, la crainte du jugement dernier a engendré plus de saints que le pur amour». M. Le Roux lui ayant demandé ce qu'ils construiront après avoir fait table rase de tout, l'anarchiste a balbutié qu'ils obéiraient à la *bonne loi naturelle.* Tel est *l'idéal* pour lequel Émile Henry et Vaillant ont lancé leurs bombes et Caserio frappé son coup de couteau. Et l'origine première de ce délire sanguinaire, c'est l'idyllique chimère de Rousseau sur *l'état de nature :* de Rousseau, l'inspirateur de Robespierre.

Gabriel Tarde

Du reste, grâce au suffrage universel, le régicide n'est plus qu'une survivance. Depuis que la souveraineté, jadis concentrée sur une seule tête, s'est morcelée entre des millions de petits souverains, de grands ou petits «bourgeois», ce n'est plus un seul homme ou une seule famille, ce sont des millions d'hommes qu'il faut frapper ou épouvanter, pour supprimer l'obstacle majeur à la félicité future.

Le *régicide,* a dû, par suite, se transformer *en plébicide* [1], et les Fieschi ou les Orsini en Ravachol [2].

Ce sont là des crimes de sectes. Il y a aussi des crimes de foules qui ont avec eux plus d'un trait commun. Tels sont les incendies épidémiques de monastères pendant la Réforme, de châteaux pendant la Révolution. Par ces bandes incendiaires déchaînées au grand jour, comme par nos dynamiteurs dispersés dans l'ombre, éclatait une haine féroce contre les classes encore régnantes, puis, l'habitude prise, une rage maniaque et vaniteuse de destruction. Ces bandes aussi avaient derrière elles des sophistes pour dogmatiser leurs forfaits, comme derrière tout despote, d'après Michelet, il y a un juriste pour justifier ses exactions. Et ces incendies, comme ces explosions, étaient un crime propre, ne salissant point les doigts, épargnant à l'assassin la vue du sang de ses victimes, l'audition de leurs cris déchirants. Il n'y en a pas qui concilie mieux avec la cruauté la plus sauvage la sensibilité nerveuse la plus raffinée.

Cette comparaison montre à quel point une secte criminelle peut être même plus redoutable qu'une foule criminelle. En revanche, il est visible aussi que la répression a bien plus de prise sur la première que sur la seconde. Ce qui fait le danger d'une secte, c'est ce qui fait sa force, c'est-à-dire la continuité du progrès dans sa voie. Les systèmes de mèches et d'allumage ont commencé par être défectueux, ils n'ont pas tardé à être remplacés par d'autres plus parfaits, par la bombe à renversement, qui a été un infernal trait

1 Ceci était écrit avant l'assassinat du président Carnot, crime exceptionnel et en quelque sorte atavistique, par ses procédés autant que par sa nature.
2 En 1831, le préfet de police Gisquet (voir les *Mémoires*) est instruit «qu'une bande d'individus se proposait d'incendier les tours de Notre-Dame et de faire de cet événement le signal d'un soulèvement de Paris». A coup sûr, c'étaient là des précurseurs directs de nos *pan-destructeurs.* Le complot fut près de réussir ; on arrêta les conjurés au moment où déjà une tour commençait à brûler.

Chapitre III : Les foules et les sectes criminelles

de génie.

Un autre danger des sectes, c'est qu'elles ne se recrutent pas seulement, comme font les foules, parmi des gens plus ou moins semblables entre eux par les instincts naturels ou l'éducation, mais qu'elles appellent et emploient diverses catégories de personnes très différentes entre elles. Qui se ressemble s'assemble, mais qui se complète s'associe, et pour se compléter il faut différer. Qui se rassemble s'assemble est surtout vrai des sectes. Il n'y a non pas un seul type, mais plusieurs types jacobins, nihilistes, anarchistes. À propos des anarchistes lyonnais de 1882, M. Bérard a été frappé de leur composition des plus variées : «Des mystiques rêveurs, des naïfs ignorants, des malfaiteurs de droit commun... sur le même banc, des ouvriers qui avaient lu beaucoup sans bien comprendre ce qu'ils lisaient, faisant le plus étrange amalgame de toutes les doctrines : de véritables bêtes fauves, dont Ravachol a été le plus bel échantillon ; enfin, les dominant tous, le fils de la plus autocratique des aristocraties, Kropotkine, lequel, de très bonne foi, croyait que la condition des paysans de France pouvait être assimilée à celle des serfs de Russie Sans parler de véritables fous qui se

mêlaient au groupe. - Voilà pour les praticiens du crime sectaire ; quant à ses théoriciens qui s'en distinguent très nettement et, parfois très sincèrement, les répudient, ils ne sont pas moins multiples et divers ; il y a loin du génie hargneux et hautain qui forge contre le capital de spécieux théorèmes, au tribun, comme Lassalle, qui les lance en brûlots, au journaliste qui les vulgarise et les applique et les frappe en menue monnaie fausse. Pourtant le concours de tous ces talents dissemblables et leur rencontre avec les mystiques, les naïfs et les malfaiteurs, dont il vient d'être parlé, et qui ont eux-mêmes concouru ensemble, de double concours et cette rencontre ont été nécessaires pour qu'une bombe de dynamite ait éclaté [1].

Physiquement, ils sont aussi hétérogènes que moralement.

---

1 Le rapport entre les inspirateurs de la presse et les exécuteurs s'est montré avec évidence à Lyon. En octobre 1882, deux attentats ont eu lieu à Lyon ; l'un dans un café qui, quelques jours auparavant, avait été *désigné* dans un journal anarchique : il y a eu un mort et plusieurs blessés; l'autre, près du bureau de recrutement, qui venait d'être pareillement désigné par cette même feuille.

Gabriel Tarde

Quelques-uns sont des déclassés physiologiques et anatomiques, pour ainsi dire : nombre d'anarchistes de Lyon paraissent avoir été dans ce cas. En cela ils ne ressemblaient guère à leurs confrères de Liège. Mais aussi faut-il observer que les nombreux attentats commis par ces derniers, dans cette ville, du mois de mars au le, mai 1892, n'ont eu d'autres suites que des destructions matérielles (notamment, dans l'église Saint-Martin, celle de merveilleux vitraux); on a eu même des raisons de croire qu'ils n'avaient jamais cherché à tuer ou blesser personne. Quoi qu'il en soit, deux criminalistes distingués, qui ont vu et examiné longtemps en prison ces seize anarchistes liégeois, M. Thizy, professeur de droit pénal à Liège, et M. Prins, inspecteur général des prisons de Belgique. m'ont affirmé, avec un parfait accord, n'avoir point noté chez eux la moindre anomalie physique. L'un et l'autre ont été frappés par «leur air de grande honnêteté». Tous ces hommes ont paru à M. Thiry irréprochables «au point de vue du travail, de la famille et des mœurs». L'un d'eux est d'un mysticisme extraordinaire. Plusieurs, la plupart même, sont fort intelligents». Ce qui ne les empêche pas d'être d'une grande naïveté, d'après M. Prins. «Ils voulaient, lui ont-ils dit, attirer l'attention du public sur le sort malheureux du peuple en frappant un grand coup. La Commune de Paris avait attiré l'attention sur le sort des ouvriers ; il fallait continuer». Tous, sauf leur chef, Moineaux, se sont, en captivité, repentis de leurs égarements : ce seul fait dénote l'empire que celui-ci avait sur eux. D'ailleurs, «il est évident, m'écrit encore M. Prins, qu'ils se sont exaltés mutuellement en causant ensemble», ce qui explique leur conversion après leur isolement cellulaire. «J'ai été frappé, ajoute le même observateur, de la physionomie avenante, ouverte, intelligente et sympathique d'un jeune homme, ouvrier armurier. Il m'a raconté qu'il passait, en dehors des heures de travail, tout son temps à lire. il avait lu, m'a-t-il dit, Montesquieu, Proudhon, Kroptokine, etc. Dans Montesquieu, il avait trouvé la justification du droit à l'insurrection ; dans Proudhon, il avait lu que la propriété c'est le vol. *La conquête de Paris,* du prince Kroptokine, l'avait ému. «Vous ne pouvez vous imaginer, Monsieur, m'a-t-il dit, comme c'est beau !» Combien de cerveaux-pareils doivent être suggestibles !

Le portrait que fait M. Hugues Le Roux, dans *Le Matin,*

des anarchistes parisiens chez lesquels il a déjeuné s'accorde parfaitement avec les observations de MM. Prins et Thiry. «je regardais, dit-il, mes hôtes avec curiosité. Ils n'avaient point sur la figure ces terribles asymétries, ces férocités d'alcoolisme qui font si attristantes les photographies de M. Bertillon. C'étaient des gens du peuple d'une culture au-dessous de la moyenne, tous des travailleurs». Ils exposent leurs théories très semblables à celles que deux autres «compagnons» qui se sont rendus aux bureaux du *Matin* (11 novembre 1892) y ont développées. Ces derniers venaient recueillir des souscriptions pour des *soupes-conférences*. Le pain du corps et le pain de l'esprit à la fois. Le *panem et circenses* était peut-être moins dangereux.

Toutes ces idées qu'il s'agit de répandre par ces «conférences», nous les connaissons, nous savons leur origine. C'est avec de fausses idées, des déclamations, des théories souvent abstruses, qu'on crée des sectes; c'est avec des sensations, de fausses sensations parfois, des mensonges pour les yeux, et non pour l'esprit, qu'on soulève les foules. Quand, aux funérailles de César, Antoine veut soulever le peuple de Rome, que fait-il [1] ? Après un pathétique discours, il fait tout à coup dresser et découvrir le cadavre qui Jusque-là était resté étendu et voilé ; le cadavre nu et couvert de vingt-trois blessures. «Le peuple croit que César lui-même se lève de sa couche funèbre pour lui demander vengeance. Ils courent à la curie où il a été frappé, ils l'incendient, ils cherchent les meurtriers, et, trompés par le nom, ils mettent en pièces un tribun du nom de Cinna qu'ils prennent pour le prêteur [2]...» Au lieu de ces sensations hallucinatoires, mettez des sophismes théologiques, métaphysiques, économiques, suivant les temps et les lieux, une secte va naître, - hussites, anabaptistes, jacobins, nihilistes, anarchistes, - plus incendiaire, plus homicide, plus terrible, et beaucoup plus durable que l'émeute romaine obéissant au cadavre de César.

De Karl Marx à Kropotkine à Ravachol, la distance est grande mais les trois s'enchaînent, - j'en ai regret pour le premier, qui est un économiste hors ligne. - De l'indignation, trop souvent

---

1 *Voy. Duruy, Histoire des Romains, t. III. p. 430 et suiv.*
2 Au début de la Révolution de 1848, le cadavre d'un insurgé promené la nuit à travers les rues de Paris, a été l'un des principaux agents du soulèvement populaire.

Gabriel Tarde

justifiée, contre un ordre social jugé injuste et mauvais, on passe fatalement à la colère qui maudit les bénéficiaires de cette injustice. et à la haine qui les tue ; n'y a-t-il pas des gens qui naissent avec le besoin irrésistible de haïr quelque chose ou quelqu'un ? Leur haine un jour ou l'autre se fait son objet, qu'elle incarne vite en une tête à frapper par la plume ou par le fer, par la diffamation ou par l'assassinat. Les violents de la presse la désignent aux meurtriers de la rue. Ravachol est le type de l'archiste pratiquant, du sicaire désintéressé. Il appartient à la catégorie de ces récidivistes de droit commun que toute secte criminelle compte dans ces rangs. «Beaucoup d'anarchistes, dit Bérard, ont été condamnés pour vol ; Bordat, Ravachol, François, l'auteur de l'explosion Véry». Encore est-il juste d'observer que, même dans les vols et les homicides ordinaires commis par eux, se révèle une trempe rare de volonté ou un mobile à part. Quelle lugubre énergie dans la violation de sépulture avouée par Ravachol ! Si dans l'assassinat de l'ermite, il a tué pour voler, peut-être est-il plus vrai de dire qu'il a volé pour tuer, pour fournir aux bons compagnons l'argent nécessaire à l'exécution de leurs sanglants desseins. Ravachol a été en ce sens un logicien sinistre : ce vieil ermite est un capitaliste, tout capitaliste est un voleur qui affame et tue l'ouvrier : tuons-le, reprenons notre bien [1] en prenant son or, employons cet or à exterminer les bourreaux du peuple et à détruire tout ce qu'ils ont construit : cathédrales, musées, bibliothèques, mines, usines, chemins de fer, incarnations ou déguisements multiformes du hideux Capital.

Ce caractère de monstrueuse logique est bien plus marqué encore en Ravachol qu'en Fieschi, à qui il ressemble d'ailleurs par plus d'un trait : il y a eu progrès de l'un à l'autre, à cet égard comme au point de vue des engins mis en oeuvre. Même orgueil théâtral, insensé chez les deux [2] ; même force d'âme. Fieschi, lui aussi, était récidiviste : jadis il avait volé des bestiaux en Corse, sa patrie, et contrefait le sceau de la mairie : peccadilles, au demeurant, paraît-il, chez ces insulaires. Mais, dans ce tisserand corse, si la logique est

---

1 C'est le mot de l'anarchiste Zévaco, devant la Cour d'assises de Paris, en octobre 1892 : «Les bourgeois nous tuent par la faim ; volons, tuons, dynamitons; tous les moyens sont bons pour nous débarrasser de cette pourriture».
2 «Si je racontais ce que j'ai fait, disait Ravachol à Caumartin, on verrait mon portrait dans tous les journaux».

Chapitre III : Les foules et les sectes criminelles

moindre, si, dans cette nature abrupte, tout est moins terriblement cohérent et convergent au but, il y a, en revanche, plus de cette sombre et atroce beauté qui est le rayon à la Rembrand de ces grands coupables. Il a tout avoué, «afin de ne pas passer pour un menteur» [1]. Il rougirait de mentir, cet ancien faussaire ! Courage et cruauté sont la face et le revers habituels d'une même médaille antique ; comme tant de vieux Romains, il était brave et cruel par bravoure. Ce mépris de la vie d'autrui, qui fait sacrifier sans sourciller une vingtaine d'indifférents pour atteindre un seul homme, se comprend un peu mieux, s'il ne s'excuse pas, quand il est lié au mépris de la mort. Cet assassin n'était point lâche.

Il nous a laissé de son état d'âme au moment de son attentat une peinture trop vivante pour n'être pas vraie ; du reste, il avait, par orgueil, le culte de la véracité aussi bien que le culte de la gratitude. Il est là, dans une chambre, derrière ses vingt-quatre canons ajustés, à l'instant où le roi va passer. Il s'est juré d'accomplir sa fatale résolution, il l'a promis à Pépin et à Morey, il l'accomplira coûte que coûte... Cependant, il aperçoit dans la foule M. Ladvocat, «son bienfaiteur". À cette vue, il change l'ajustement de ses fusils, car il lui est impossible d'attenter à cette vie, sacrée pour lui. Mais, M. Ladvocat disparaît, le roi apparaît escorté d'un régiment. Nouvelles hésitations : tuer tant de généraux, d'officiers «qui ont gagné leurs grades sur le champ de bataille, en combattant pour le pays, sous les ordres du grand Napoléon, «le grand Corse"! Le cœur va lui manquer, quand il lui vient à l'esprit, dit-il, qu'il a donné sa parole à Pépin et à Morey, et il se dit : «Il vaut mieux mourir - et même tuer - que de survivre à la honte d'avoir promis, puis de passer pour lâche [2] «. Et il presse la détente. Peut-on dire que de tels hommes, Fieschi et Ravachol même, étaient inévitablement prédestinés au crime ? L'attentat du premier n'a pas été, non plus une chose simple. Il a fallu pour le produire, que l'astuce froide et taciturne de Morey, les ressources financières et intellectuelles un peu supérieures de Pépin, se soient combinées avec l'opiniâtre énergie de Fieschi ; et

---

1 Voy. les *Mémoires* de Gisquet, t. IV.
2 Il se préoccupait beaucoup de ce qu'on dirait de lui en Corse. Cette préoccupation dominante de la petite société et cet oubli de la grande sont caractéristiques. Ravachol, non plus, ne s'inquiétait que de l'impression produite par ses crimes dans le groupe de ses «compagnons».

Gabriel Tarde

il a fallu aussi que le fanatisme des trois fût excité, chauffé chaque jour par les violences de quelques journalistes, encouragés eux-mêmes par la malignité ou la badauderie de milliers de lecteurs. Supprimez l'un de ces cinq «facteurs» - le public, les journaux, la conception, l'argent, l'audace, - l'épouvante explosion n'eût pas eu lieu. À chaque bombe qui éclate donc, - et à chaque scandale financier, parlementaire ou autre, qui émeut l'opinion, - nous pouvons tous faire, plus ou moins, notre mea culpa ; nous avons tous notre petite part dans les causes mêmes de notre alarme. C'est un peu notre faute à tous si ces organisations puissantes ont, comme on dit, mal tourné. Sans doute, il ne s'ensuit pas qu'on doive acquitter ces malfaiteurs. Les contagions que nous subissons nous révèlent à autrui, et à nous-mêmes parfois, encore plus qu'elles ne nous entraînent ; elles ne nous absolvent pas. Quand la foule féroce s'acharne au martyr, quelques spectateurs sont fascinés et entraînés par elle, mais d'autres le sont par lui. Dirons-nous que ces derniers, héros par imitation, ne méritent, à raison de cet entraînement, aucune louange ? Ce serait précisément aussi juste d'épargner toute fléchissure aux premiers, parce qu'ils n'ont eu qu'une férocité de reflet. -Mais laissons, pour le moment, ces délicats problèmes de responsabilité. Par les considérations et les documents qui précèdent, nous nous sommes seulement proposé d'étudier un peu la psychologie, la pathologie comparées des foules et des associations criminelles, mais non leur thérapeutique pénale.

Chapitre III : Les foules et les sectes criminelles

ISBN : 978-1522915751